# PETITS MODÈLES
# D'AÉROPLANES

*Historique*
*Théorie élémentaire*
*Constructions et Expériences*

par

## E. H. DOLLFUS

Préface

de

## G. VOISIN

Prix : 3 francs

PARIS
LIBRAIRIE DES SCIENCES AÉRONAUTIQUES
Fondée en 1905
F. Louis VIVIEN, Libraire-Éditeur
48, Rue des Écoles, 48
(en face le Collège de France)

## Moteur à Explosion "GALIMENT"

# PETITS MODÈLES D'AÉROPLANES

# PETITS MODÈLES

# D'AÉROPLANES

### Historique
### Théorie élémentaire
### · Constructions et Expériences ·

par

## E.-H. DOLLFUS

Préface

de

## G. VOISIN

**Prix : 3 francs**

PARIS

LIBRAIRIE DES SCIENCES AÉRONAUTIQUES

*Fondée en 1905*

F. Louis VIVIEN, Libraire-Editeur

*48, Rue des Écoles, 48*

*(en face le Collège de France)*

A LA MÉMOIRE

DU

# CAPITAINE FERBER

# PRÉFACE

Je suis maintenant tout à l'étude inachevée, bien calme dans mon bureau bien chaud. Colliex, le vieil ami des bons et des mauvais jours, froisse à mes côtés l'éternelle feuille de détails. L'atelier ronfle plein de bruits assourdis, les engrenages du grand tour chantent leur chanson monotone. L'heure passe. — L'heure est passée.

Celle qui va venir est pleine de vilaines choses ; tous les jours vers 5 heures j'ai froid. J'ai froid parce que l'heure d'Issy-les-Moulineaux approche.

Si je n'y vais pas, je vais trembler aux pas qui montent, à la sonnerie du téléphone, à l'éclat des voix dans la cour. Je suis tremblant d'apprendre la mauvaise nouvelle, celle que nous appréhendons toute la vie.

Si j'y vais, je vais être horriblement nerveux pendant l'essai, ce qui fera dire aux imbéciles que j'ai le plus détestable des caractères. J'aurai peur. La peur irraisonnée de voir tout d'un coup l'oiseau disloqué, désemparé, s'abattre sur le sol.

Nos pilotes sont un peu nos enfants et les machines volantes sont d'affreux jouets qui fauchent à grands coups sans voir et sans discerner.

Que l'essai réussisse ; qu'il soit mauvais, nous sommes également renseignés et 9 fois sur 10 incapables de dégager les causes.

Eh bien, mon cher ami, si nous étions plus sages, nous ferions ce que vous avez fait vous-même avec tant de succès.

Nous construirions des petits modèles, les essais seraient alors de la joie, nous les reproduirions à l'infini, sans l'horrible crainte. Nous jetterions nos machines dans l'espace avec des positions invraisemblables. Nous produirions les plus effroyables catastrophes avec des éclats de rire, et surtout nous arriverions vite et sans danger à connaître les défauts de nos machines, à savoir peut-être pourquoi elles volent et comment.

Et puis, quels arguments ! ; le moyen d'éliminer l'inventeur privé de capitaux, cette bête noire des constructeurs !

Faites un petit modèle ! Monsieur ! les plus chers coûtent 15 francs, et voilà !

Maintenant mon cher petit ami, je souhaite à votre petit livre un grand succès.

*Gabriel Voisin*

# AVANT-PROPOS DES AUTEURS

*Dans ce petit livre, nous avons voulu donner une idée des modèles réduits, à tous les points de vue.*

*Nous avons pour but d'engager le lecteur à construire, lui aussi, de ses propres mains, des machines qui reproduiront le vol d'une façon intéressante ; nous nous sommes donc spécialement attachés à épargner au lecteur les premières difficultés que nous avons éprouvées en 1906 alors que nous n'avions que peu d'expérience : c'est de nos écoles dont nous serions heureux de voir profiter tous ceux que la question intéresse et nous nous estimerions bien récompensés si nous savions y avoir réussi.*

*Nous voulons remercier : M. Desmons qui nous a si aimablement ouvert la Bibliothèque de la Société Française de Navigation aérienne et M. Saunière, président de l'Aéronautique Club de France qui nous a facilité les recherches dans les anciennes revues étrangères, et enfin les nombreux constructeurs qui ont bien voulu nous compléter des données sur leurs propres essais.*

*Nous serons très reconnaissants aux lecteurs qui voudront bien nous faire quelques remarques et même nous signaler des omissions inhérentes à toute documentation, nous les en remercions d'avance et nous nous ferons un plaisir d'y répondre dans toute la mesure du possible.*

Henri DOLLFUS.
Etienne DOLLFUS.

*Sèvres-Ville d'Avray.*

# INTRODUCTION

———

L'établissement d'un modèle est la première étape de l'inventeur. C'est la matérialisation d'une idée, le premier développement d'une conception qui permettra de discuter les détails d'exécution, de modifier les parties faibles, enfin d'essayer la valeur pratique des divers organes.

Nous diviserons les petits modèles d'aéroplanes en trois classes :

1° Maquettes.

2° Modèles en réduction ou modèles réduits.

3° Petits aéroplanes ou aéroplanes jouets.

### 1° *Maquettes.*

Les maquettes d'aéroplanes sont comme celles de bateaux et de locomotives, des reproductions minutieuses dans leurs détails ; ce sont des merveilles de patience et d'ingéniosité. Les constructeurs les exposent dans leur stand aux divers salons de l'Aéronautique, ou bien ils vont prendre place, sous vitre, dans les musées : tel l'aéroplane Voisin exposé aux Arts et Métiers de Paris, ou la demoiselle de Santos–Dumont et le Blériot, type traversée de la Manche, au Science-Muséum de Londres.

Ces modèles n'ont guère d'intérêt pour nous, car ils ne sont pas construits pour voler.

### 2° *Modèles en réduction ou modèles réduits.*

Sur ces modèles, nous ne pouvons mieux faire que de donner la parole à M. Wilhelm Kress, le célèbre ingénieur, père de l'Aviation autrichienne, qui écrivit ce qui suit, en 1880 :

« Je ne me hasarderai jamais à passer à l'exécution d'un grand volateur
« avant d'avoir obtenu un vol libre et stable d'un modèle réduit. On pourra
« peut-être encore objecter que quand un petit modèle aura réalisé un vol
« libre et stable, ce ne sera nullement une preuve que le même appareil,
« reproduit en grand, volera lui aussi. En tous cas, il faut convenir qu'un
« modèle volant librement fournit une preuve matérielle de la justesse de
« l'idée, et qu'il sert pour l'exécution en grand. Mais si l'auteur d'un projet

« d'aviation n'est pas capable d'établir un modèle volant librement, et de
« fournir la preuve matérielle que son idée est effectivement juste, il n'a
« pas le droit d'exiger qu'on ajoute foi à son idée. Aussi tous ceux qui font
« des projets, et qui veulent obtenir des fonds pour leur exécution, devraient
« être astreints à exécuter d'abord un modèle volant librement, car c'est
« une expérience qui coûte très peu mais qui prouve beaucoup. »

Le modèle réduit ne peut voler sans certaines modifications variant avec
chaque type d'appareil. Généralement il est possible de faire voler en
petit les appareils qui volent en grand, nous noterons à ce propos que le plus
souvent le poids du pilote à l'avant équilibrant celui du moteur placé à
l'arrière ou inversement, permet l'emploi du moteur à caoutchouc tendu
que l'on place dans la longueur de l'appareil ; le centre de gravité ne se
trouve pas ainsi déplacé, mais comme la longueur du cadre à caoutchouc
est limitée, le vol des modèles réduits d'aéroplanes ne peut être que de courte
durée.

W. Kress disait à ce propos :

« La longueur et la durée de vol d'un modèle n'ont pas une importance
« spéciale. Pour le technicien sagace, il suffit d'un vol libre et stable d'un
« modèle, même s'il ne vole que 20 m., pour pouvoir déjà formuler sur sa
« valeur une opinion exacte. En tous cas le vol libre et stable d'un modèle,
« même petit, prouve plus qu'un gros livre qui prétend résoudre le pro-
« blème sur de simples bases purement théoriques. »

Nous voyons que W. Kress, quoique ne faisant pas particulièrement
appel à l'attention du lecteur dans ce passage, sentait déjà la différence capitale entre les modèles réduits ne volant que peu de temps et sur de courtes
distances, d'avec les petits aéroplanes qui pouvaient être construits pour
voler loin et longtemps, mais ils n'existaient pas encore à cette époque.

Les premiers savants qui étudièrent la question de l'aéroplane établirent
d'abord des modèles réduits de leurs machines futures ; nous étudierons
les détails de ces machines dans notre partie historique pour que les lecteurs puissent se rendre compte des travaux de leurs devanciers, afin de
faire mieux.

### 3° *Petits aéroplanes.*

Les modèles de grands appareils que les commerçants avisés introduisent
sur le marché n'offrent qu'un médiocre intérêt ; n'étant pas construits scientifiquement, ils ne peuvent prouver le bon fonctionnement d'un nouvel
appareil, ce sont des copies sans valeur pratique.

Les petits aéroplanes sont ceux construits en tenant compte des règles générales, mais qui, pour pouvoir voler, le plus loin, le plus haut, ou le plus longtemps possible, sont souvent disproportionnés et seraient incapables de voler s'ils étaient construits à grande échelle. Ces petits aéroplanes peuvent s'inspirer des modèles actuels, mais ils sont forcément différents dans la position des surfaces ainsi que de leur étendue; et ces modifications peuvent aller si loin que des appareils à surface unique ont volé 200 mètres et plus.

Ces petits aéroplanes ne sont, du reste, plus intéressants, et nous n'y attacherons pas d'importance, ils n'en font pas moins la joie des enfants comme aussi celle des parents.

# CHAPITRE I

## HISTORIQUE

### § 1. — LES PRÉCURSEURS

La colombe d'Archytas de Tarente est certainement la première machine volante dont l'existence soit certaine ; l'autorité et la compétence de son auteur ne font aucun doute d'après le récit qu'Aulu-Gelle nous donne dans les « Nuits Attiques » : (1)

« Les plus illustres des auteurs grecs et l'historien gaulois Favorinus qui a recueilli avec tant de soins les vieux souvenirs, ont raconté du ton le plus affirmatif qu'une colombe en bois faite par Archytas, à l'aide de la mécanique, s'envolait, sans doute, elle se soutenait au moyen de l'équilibre, et l'air qu'elle renfermait la faisait agir ».

Archytas, pythagoricien et mathématicien illustre était un ami de Platon et vivait entre 430 et 465 av. J.-C.

Depuis, cette colombe a fait couler beaucoup d'encre ; Schmidt, Cardan, Scaliger, Borgnio émirent chacun leur idée sur son mécanisme ; nous croyons voir par ces mots « l'air qu'elle renfermait », qu'elle fonctionnait par l'air comprimé, on est bien en droit de croire ceci d'un tel père de la science moderne.

On a vainement cherché pendant des siècles à reproduire ces expériences et à faire voler des oiseaux ; on a échoué, jusqu'au jour où le Docteur Hureau de Villeneuve et A. Pénaud présentèrent, à la séance du 27 nov. 1874 à la Société Française de navigation aérienne, deux oiseaux mécaniques volants construits par l'habile mécanicien Jobert sur des principes différents.

Le mathématicien Jean Müller dit Regiomontanus, né en 1436 à Kœnigs-hofen en Bavière, fabriqua un aigle de fer et une mouche de métal qui

_______

(1) X 12) Traduction Nisard.

seraient allés en volant au devant de l'empereur Frédéric IV et auraient parcouru une distance de cinq cents pas et retour, aux environs de Nuremberg ; la tradition étant assez confuse, il nous est difficile de nous faire une idée de ces appareils ; Moreri rapporte dans son « Dictionnaire historique » que le père Kaircher, un Jésuite du XVIIe siècle, physicien, l'aurait reconstitué ; mais on a établi qu'il avait simplement dans son cabinet un oiseau de papier qui tenait dans son bec un morceau de fer qu'un aimant, placé sur un plateau animé d'un mouvement d'horlogerie, faisait déplacer (1).

Le charmant conteur du Voyage autour de ma chambre, Xavier de Maistre, travailla trois mois à construire une colombe sur les indications des historiens d'Archytas, mais elle ne fonctionna pas.

Nous ne tiendrons aucun compte de toutes les tentatives et de tous les projets d'aéroplanes et d'ornithoptères comme d'hélicoptères qui existèrent dans la suite, car ils sont nombreux et souvent sans intérêt pratique ; l'homme ayant presque toujours cherché à imiter le vol des oiseaux qu'il admirait constamment.

## § 2. — LES MODÈLES HISTORIQUES

Le premier et véritable ancêtre de nos aéroplanes actuels est la *voiture volante* de l'Anglais W. S. Henson, dont l'invention fit grand bruit ; l'auteur en établit une maquette en 1843 qui comportait tout ce qu'il fallait pour

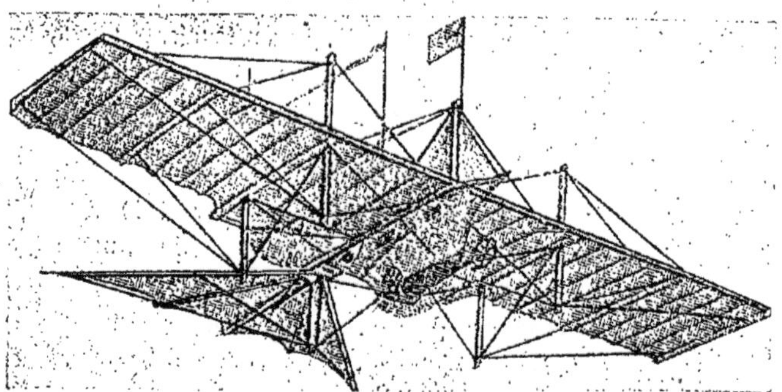

Fig. 1. — Voiture volante de Henson (1843).

son propre fonctionnement ; cette petite machine, instable, n'a ni volé ni été réalisée en grand par les soins (*fig.* 1) d'Henson. Ce dernier étant parti

(1) Lecornu. La navigation aérienne, p. 5.

en Amérique, son collaborateur J. Stringfellow reprit la machine et parvint
à lui faire faire un bond en juin 1848 ; expérience qui fut répétée à Cremone Garden (1) où il y avait plus de place. Nous avons pu voir un modèle de cet appareil au South Kensington Muséum de Londres ; il ressemble
étrangement à nos appareils actuels, le plan principal a sept mètres de long
sur un de large, il est construit en bambous et baleines, il est haubanné
comme l' « Antoinette ».

Fig. 2. — Stringfellow-triplan,

Fig. 3. — Stringfellow-monoplan.

Stringfellow construisit personnellement deux appareils (*fig. 2 et 3*) dont
un monoplan et un triplan, ce dernier semble être le premier des appareils

(1) The Aero. — page 52.

à plans superposés, il fut exposé au Cristal Palace de Londres, d'une surface de 46 dmq. 46 il possédait un petit moteur à vapeur de 1 CV pesant 6 kgs, dont les deux pistons actionnaient chacun directement une hélice, il était assez intéressant, construit avec grand soin mais sans invention spéciale. L'aéroplane n'avançait que suspendu à un fil d'acier incliné vers le point d'arrivée ; il obtint cependant le prix de 2.5co fr. à l'Exposition de la Société aëronautique de Grande Bretagne, en 1868. Il est actuellement au Washington Muséum U. S. A.

A cette exposition également on fit grand bruit autour du modèle de Kaufmann qui devait rouler sur le sol, voler en l'air, naviguer sur l'eau, mais le modèle réduit ne donna jamais rien.

En 1858, rapporte G. de La Landelle, Julien fit évoluer en présence de quelques futurs membres de la Société d'aviation, dans laquelle il fut lui-même reçu en 1865, un modèle automoteur qui pesait 36 grammes quoiqu'il eût un mètre de long ; les propulseurs étaient deux hélices à pales droites, le moteur était composé d'une simple lanière de caoutchouc qui se détendait de deux fusées où elle était enroulée pour fournir un travail constant ; l'appareil volait 12 mètres en cinq secondes et la force dépensée était de 72 grammètres par seconde.

L'inventeur se proposait de construire un nouveau modèle pesant seulement 200 grammes et volant 20 secondes.

C'est à cette époque que Joseph Pline (1) qui avait fait un projet d'appareil mixte essayait ses légers oiseaux de papier (*fig. 4*) qu'il baptisait papil-

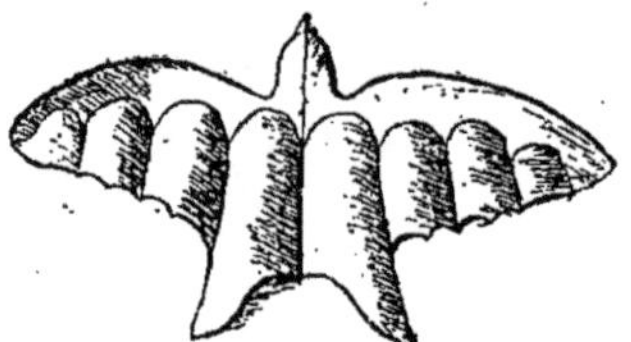

Fig. 4. — Oiseau planeur de Pline

lons et qui reproduisaient admirablement le planement des oiseaux ; nous aimons à voir à l'heure actuelle en M. Mouren un élève de ce spécialiste qui connaissait admirablement les lois du déplacement pratique du centre de sustentation et de celui de gravité. Ces petits planeurs étaient quelquefois en papier tuyauté avec un fer chaud, probablement pour obtenir plus de stabilité de route.

---

(1) Marey. Le vol des oiseaux, p. 302-305. — Lecornu. La navigation aérienne, p. 186.

En 1868 également, Carlingford puis Félix du Temple, capitaine de frégate, aidé par son frère Louis émirent leurs projets de machine volante. « Le projet des deux derniers semble intéressant et il en a été construit un petit modèle au 1/10 qui était d'une extrême légèreté, il avait demandé 10 années de travail et pesait 700 grammes (*fig.* 5), une machine à air chaud, à deux

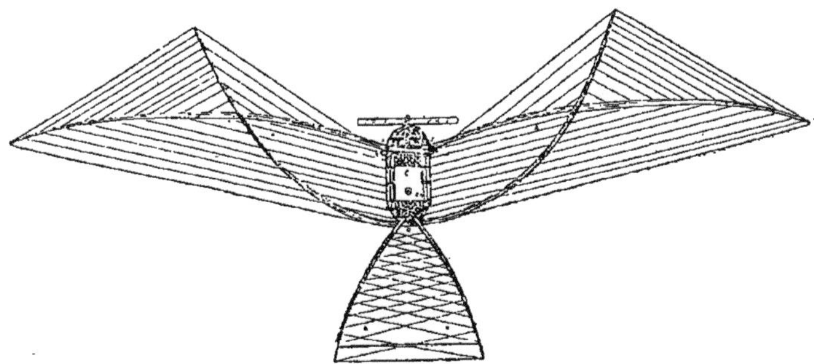

Fig. 5. — Aéroplane de Du Temple.

cylindres actionnait l'arbre d'une hélice à grandes ailes, l'espèce de carcasse dans laquelle est établie la machine soutient en avant, de chaque côté de l'hélice propulsive, deux ailes fixes déployées, inclinées à 10°, par rapport au plan horizontal ; à l'arrière sont disposées deux queues, l'une horizontale, l'autre verticale jouent le rôle du gouvernail d'un navire ; tout ce système est monté sur trois grandes pattes à roulettes *disposées de telle sorte que l'inclinaison soit au départ bien plus grande que* 14°. Si l'air met en mouvement l'hélice, bientôt la vitesse est telle que la composante verticale de l'air sur laquelle s'appuient les ailes est plus considérable que le poids de l'appareil qui quitte le sol comme une pie après une petite course sur la route ; la queue sert à maintenir les ailes à une inclinaison telle que l'on pourra monter à la hauteur que l'on voudra atteindre, ou bien on ira horizontalement, en se dirigeant avec le gouvernail, sur le lieu où l'on doit descendre ; la machine est faite pour une vitesse de 8 mètres à la seconde, ce qui correspond à une brise fraîche. Au-dessus de cette limite l'oiseau n'avancera plus, mais pourra aller chercher plus haut des courants favorables (1).

Nous voyons par cet extrait que les frères du Temple, même si leur appareil ne put faire de longs vols, n'en avaient pas moins les idées les plus exactes sur les questions d'aviation. Ils construisirent d'autres petits modèles en se servant du caoutchouc *tendu*, de même que Jobert qui fit une sorte de « strophéor » horizontal en 1869.

---

(1) L'Aéronaute. janvier 1872. D'après une brochure de Louis du Temple, parue en 1869

Citons l'aéroplane De Louvrier qui dut être construit en maquette ; il était composé d'un large plan double s'avançant suivant son arête et muni d'un gouvernail et d'un poids mobile pour assurer cette position.

Mais nous avons hâte d'arriver à Alphonse Penaud dont la solution du problème de l'Aviation est le point de départ du mouvement actuel. Voici comment il expose ses travaux et ses recherches (I).

« Un ressort de I kg. ne peut emmagasiner plus de 10 kgms. ; le même poids de caoutchouc tendu 6 fois sa longueur naturelle fournit en se raccourcissant 500 kgm., soit 50 fois plus ; mais la tension demande, pour être utilisée, un mécanisme compliqué exigeant une assez grande précision et difficile à construire, à la fois solide et léger.

« Aussi, cherchant à utiliser la force vraiment extraordinaire du caoutchouc et à faire à la fois simple et léger, j'eus l'idée d'employer son élasticité de torsion qui peut fournir 30 kgm. par kg. (*fig.* 6).

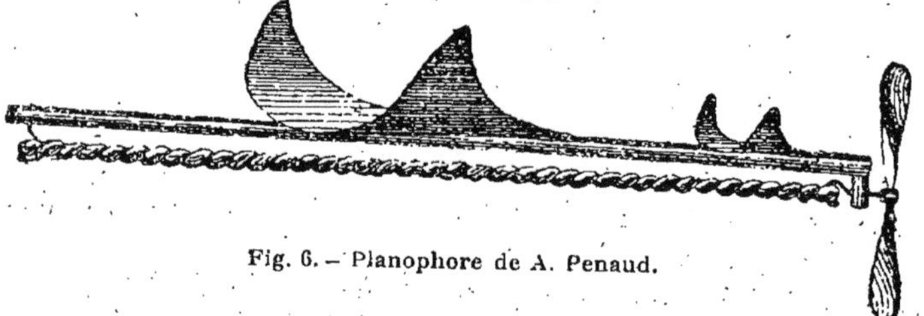

Fig. 6. — Planophore de A. Penaud.

« Ce chiffre est à vrai dire très inférieur au précédent, cette infériorité est largement compensée du reste par la merveilleuse facilité avec laquelle la torsion s'applique à la rotation des hélices.

« Toute transformation de mouvement est évitée, le bâti devient simple et léger, le frottement presque nul, enfin l'effort jouit de la propriété de ne pas croître, à beaucoup près, aussi vite que le nombre de tours, toutes circonstances assurément favorables à une bonne utilisation. »

Ayant appliqué son moteur à l'aéroplane, Penaud fut arrêté par la question de stabilité qu'il résolut élégamment par une queue stabilisatrice.

« Tout étant disposé de la façon la plus avantageuse, l'hélice devait être remontée 60 tours pour que le petit modèle pût se tenir un instant en l'air sans baisser ni reculer contre un vent de 2 m. 70 à la seconde ; il volait alors évidemment par lui-même.

La vitesse de rotation de l'hélice était de 18 tours, le moment de rotation de l'hélice est :

$$2 \text{ grm } 9 \times 18 \times 2 \pi \, 10 \text{ cm.} = 32 \text{ g. } 8$$

_______________

(1) L'Aéronaute, janvier 1872.

soit le travail nécessaire à élever le poids total 16 gr. à $2^m05$, ce qui correspond à une force d'un cheval par 37 kgs.

Tel était le travail total.

Mais j'ai pensé qu'il serait également intéressant de voir combien : la translation, la suspension, l'hélice absorbaient respectivement de travail ; on peut y parvenir approximativement de la manière suivante :

1° Le travail dépensé par la suspension c'est le travail de la réaction de l'air sur le plan sustentateur, la composante verticale de cette résistance est connue, c'est le poids : 16 gr., de l'appareil.

La composante horizontale est égale à la pression $\times$ la tangente de l'angle d'attaque que fait le plan avec l'horizon, or cet angle est précisément celui formé entre le gouvernail et les plans sustentateurs ; comme le centre de gravité est placé juste sous le centre de pression, cet angle étant de 8°, le travail cherché produit de l'effort par le chemin parcouru, c'est-à-dire la vitesse du vent est donc :

$$16 \text{ gr.} \times \text{Tg } 8^\circ \times 2^m7 = 6 \text{ gr. } 1$$

Ici 16 grammes sont supportés par 490 cmq de surface, d'après cela 1 mq incliné à 8° à une vitesse de un mètre éprouve une résistance de 45 grammes, chiffre en réalité trop faible vu que le galbe du plan l'empêche d'agir avec toute l'efficacité possible, c'est encore quinze fois plus qu'on ne le supposait avant.

2° Les pertes de l'hélice proviennent de deux causes : son recul et son frottement. Pour calculer le frottement de l'air de l'hélice, je place les ailes de l'hélice à plat dans un plan perpendiculaire à l'axe et je les fais tourner à la vitesse avec laquelle elles fendent l'air dans le vol réel ; la force dépensée dans ces conditions est de 5 grammes, sensiblement égale à celle que nous cherchons.

Etant donnée l'hélice de 18 cm. de diamètre et de $0^m32$ de pas et la vitesse à la seconde de l'appareil nécessaire pour faire tourner l'hélice :

$$\text{Recul} : \frac{18 \times 32 - 2^m70}{18 \times 32} = 0.59$$

Le travail absorbé par le recul est le 0.53 du travail total moins le frottement, soit 14 grm. 7.

Mais Travail de translation = Travail total — Travaux nuisibles, (Somme des T. précédents), soit 7 grammètres.

Le Travail absorbé par le recul est le 0,53 du Travail total, moins le frottement, soit 14 gr. 7.

On voit donc que ce modèle, bien que léger, donnait lieu à des expériences intéressantes. Voici les caractéristiques du Planophore :

Surface   490 cmq, Larg. des ailes 0ᵐ11 cm.,       Tours d'hélice 240
Longueur   0ᵐ 50,   Poids        16 gram., Max. dist. parcourue 60 m.
Envergure  0ᵐ 45,  Caoutchouc    5 gram.,       Temps        13 s.

Alphonse Penaud se destinait à la carrière maritime quand une maladie vint l'entraver ; il se consacra alors entièrement à l'aviation ; et le 18 août 1871, il lança au Rond-point des Tuileries, en présence des membres de la Société Française de navigation aérienne, le premier modèle d'aéroplane volant librement et d'une façon stable. Depuis, cette démonstration péremptoire de la possibilité du vol mécanique, a, comme nous l'avons déjà dit, servi de base aux recherches diverses sur l'aviation. Les frères Wright dans leur désert de Kitty Hawk avaient d'ailleurs connu la solution de Penaud. Même Langley, surnommé le père de l'aviation, eut comme point de départ le Planophore ; cet appareil enfin fut exhibé dans toutes les sociétés aéronautiques, en Grande-Bretagne spécialement. Kress, l'aviateur autrichien le connaissait quand il construisit ses modèles qui eux partaient de terre ; on comprend l'intérêt pratique de cet appareil fait surtout à cette époque où l'on manquait de faits précis. Mais nous noterons que c'est surtout lancé par les fabricants de jouets, que le Planophore a fait le tour du monde.

Moy et Schill établirent, dès 1872, en Angleterre, une machine volante constituée par une surface centrale de 7ᵐ80 d'envergure et deux autres aux extrémités (*fig. 7*), la machine à vapeur de 4 chevaux pesait 36 kg ;

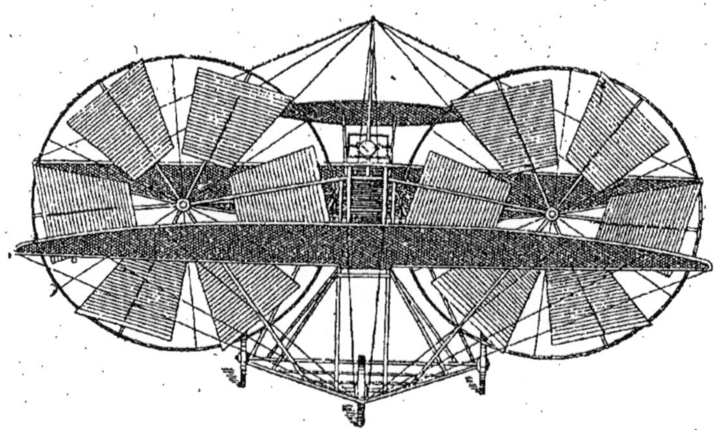

Fig. 7. — Machine volante de Moy et Schill.

une fois modifiée, elle mettait en mouvement à 800 tours, par friction,

deux roues dites « aéroplanes » formées de 12 plans de bois léger ajustés
entre eux comme les pales d'une hélice, mais avec un angle d'attaque variant
à chaque point de révolution ; le poids total était de 90 kilos.

Essayée à Cristal Palace sur une piste circulaire, elle roula à une vitesse
de 19 kilomètres à l'heure, alors qu'il lui fallait une vitesse de 54 kil. pour
s'élever (1).

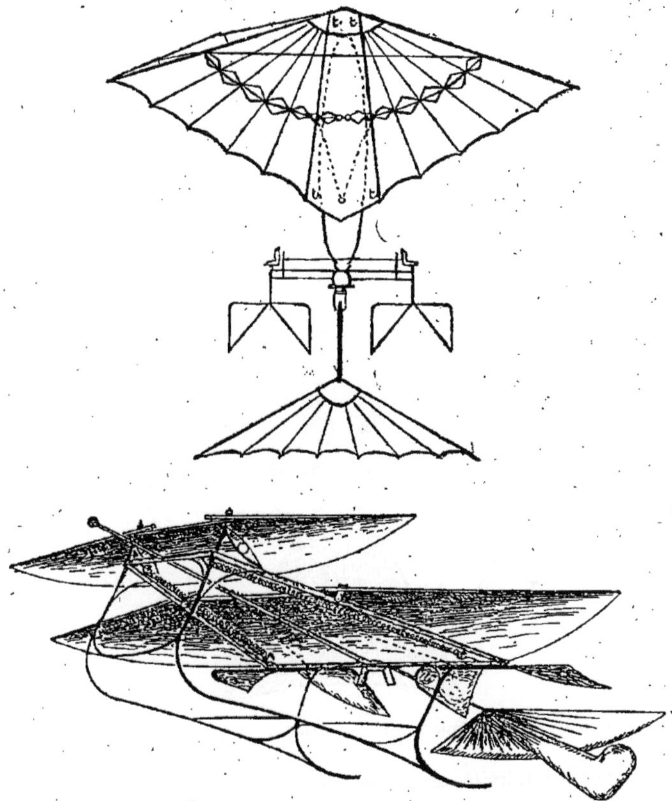

Fig. 8 et 9. — Modèles réduits de Kress.

En 1877, Kress perfectionna notablement le Planophore de Penaud
(*fig.* 9). Ce modèle prenait son essor sur des patins, il était muni de deux

_______

(1) L'Aéronaute, février 1877.

hélices, de gouvernails et, comme le montre notre gravure, d'un équilibreur à l'avant et d'un tampon.

Envergure de la plus grande surface, 1m50.

Les surfaces avant et arrière mesurent ensemble 0 mq 40 (1).

Les modèles pèsent 0 kg. 6 et quittent le sol à une vitesse de 4 mètres ; les démonstrations appuyées de ces modèles aidèrent beaucoup M. Kress à recueillir les fonds nécessaires à la construction de ses aéroplanes.

Ce fut en 1879 que M. V. Tatin, après avoir étudié en vain l'ornithoptère, arriva à construire un modèle d'aéroplane des plus intéressants ; aussi lui donnons-nous la parole pour le détail de l'invention (2) (*fig.* 10).

« Je construisis un réservoir, à air comprimé, formé d'une bande d'acier laminée et roulée en hélice de façon à obtenir un cylindre de 12 cm. de diamètre environ ; la bande d'acier n'étant pas très large, j'ai dû faire 16

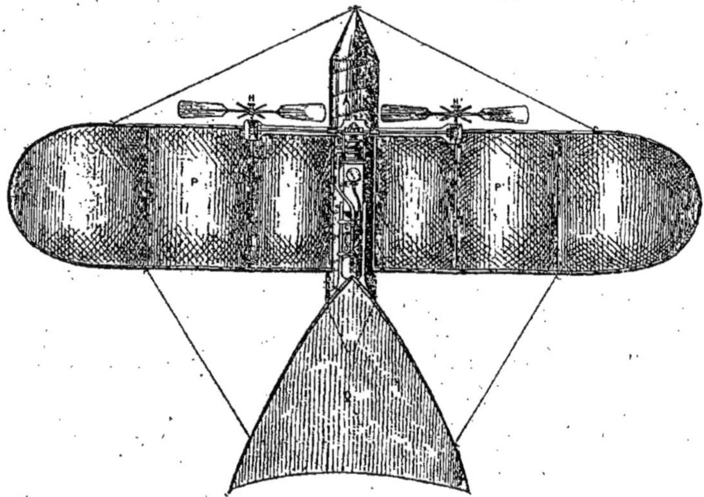

Fig. 10. — Aéroplane à air comprimé V. Tatin (Vu en plan).

tours. Les deux extrémités sont fermées par deux cônes assez allongés de même matière.

La grande longueur des assemblages m'a obligé à employer pour ce faire 1.300 rivets. Pour éviter toute fuite, une légère soudure d'étain pénètre tous les assemblages

_______

(1) Comment l'oiseau vole. Comment l'homme volera, p. 41.
(2) L'Aéronaute, septembre 1880.

Ce récipient a une longueur de 85 cm., sa résistance théorique est de 30 kgs de pression par cmq de surface, son poids est de 700 grammes, son volume de 8 dmc.

La machine se compose d'un seul petit cylindre oscillant, la distribution se fait par l'oscillation, sur une plaque latérale et parfaitement dressée, on évite ainsi le guide, la bielle et l'excentrique obligatoires dans les autres systèmes de machines.

Je puis aussi, grâce à cette disposition, réduire considérablement la longueur du bâti, la surface du piston est de 5 cmq., sa course de 0<sup>m</sup>02. Tout

Fig. 11. — Aéroplane à air comprimé de V. Tatin (Vu en l'air).

est en acier, sauf le corps du cylindre et les coussinets qui sont en laiton. Quoique cette machine soit destinée à faire 8 tours par seconde, il m'a cependant paru nécessaire d'y ajouter 2 petits volants destinés à faciliter le passage du point mort, les volants à gorge reçoivent les cordes de transmission, la machine avec les volants pèse 330 grammes. De petites conduites de cuivre amènent l'air du récipient au moyen d'un robinet ; un autre robinet est disposé pour l'introduction de l'air en pression dans le réservoir ; les hélices avaient 4 branches et 40 centimètres de diamètre, 46 cms de pas et multipliées de 1 à 3 m., elles donnaient 0 kgs 325 gr. de traction ; le poids total était de 1.750 ; l'envergure, 1<sup>m</sup>90, la profondeur de plan, 0<sup>m</sup>40.

La surface de la queue était de 0<sup>m</sup>60×0<sup>m</sup>60, les surfaces en bambou recouvertes de soie pesaient 300 grammes. L'aéroplane fut essayé sur une piste circulaire à l'Etablissement militaire de Chalais-Meudon (*fig.*11), il s'enleva du sol à une vitesse de 8 mètres à la seconde, il passa au-dessus de la tête des officiers présents, mais par suite d'un atterissage brusque il fut détérioré ; les crédits de la Société Française pour l'avancement des Sciences alloués par M. Bischoffsheim étant épuisés, M. Tatin dut attendre la collaboration de M. Richet, en 1896, pour continuer ses intéressants essais.

L'appareil construit par les soins des nouveaux associés se rapproche du type de Tatin en 1879, mais avec les modifications apportées par l'expérience acquise (*fig.* 12).

Il pesait 33 kg. avec une envergure de 6 mètres 60, propulsé par deux hélices, l'une en avant, l'autre en arrière du fuselage central de 0ᵐ80 de diamètre ; le moteur, d'une puissance de 75 kgm., propulsait l'aéroplane à une vitesse de 17 mètres à la seconde ; le premier appareil fut lancé à Sainte-Adresse sur un plan incliné où il était maintenu sur un lourd wagonnet qui le laissait partir une fois en bas, il parcourut ainsi 90 mètres, malheu-

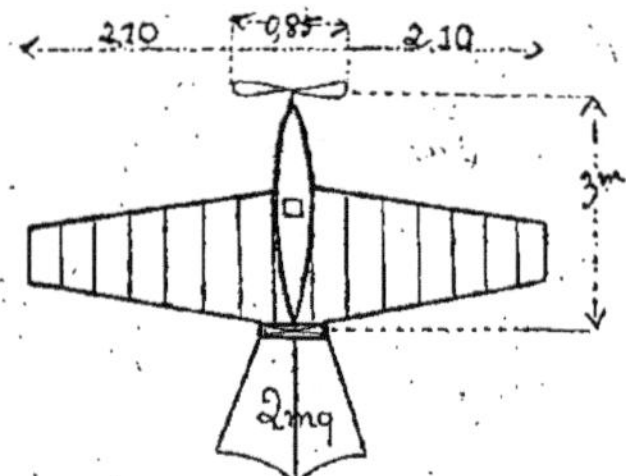


Fig. 12. — Tatin-Richet (1896-1897)
Vue en plan.

reusement, un fil s'étant accroché dans l'hélice, la queue se rompit, l'aéroplane fut précipité sur les voiliers et se brisa.

Reconstruit en 1896 et essayé à Carqueiranne (Var), il vola 70 mètres, mais un défaut d'équilibre longitudinal amena sa chute dans la mer, aucune intelligence n'étant à bord pour la direction.

En 1897, une autre expérience eut lieu, l'aéroplane fit cette fois un vol de 140 mètres, mais un nouveau défaut d'équilibre longitudinal arrêta le vol et l'aéroplane retomba en arrière à 114 mètres du point de départ ; la force motrice avait pu être portée à 125 kgm.

---

(1) L'Aéronaute, mai 1893. — Scientific américan paper, 22 avril 1893.

Bien que cet aéroplane se soit montré, comme distance parcourue et comme stabilité, inférieur à celui de P..Langley que nous allons étudier, c'était, en 1897, le plus lourd des aéroplanes ayant volé, et ce modèle d'une réelle valeur montrait la voie à suivre ; on peut cependant objecter que cet aéroplané ne faisait qu'entretenir la vitesse acquise et que la chute forcée par plan incliné était moins intéressante qu'un départ du sol, c'est exact, mais il est probable que si de malencontreux accidents n'étaient pas arrivés, les inventeurs eussent étudié d'autres départs.

Renard exposa en 1889 à l'Exposition Universelle, un planeur sextriplan supportant un cylindre ; lancé, ce planeur faisait, dit–on, 10 fois la hauteur de chute.

C'est en 1891 que nous assistons à deux nouvelles tentatives et au succès de nombreux aéroplanes : L. Hargrave en Australie, Langley et Herring en Amérique.

L'aéroplane de M. L. Hargrave (*fig.* 13) de Sydney (1) est essentiellement composé d'une épine dorsale renfermant de l'air comprimé qui actionne un minuscule moteur faisant mouvoir deux ailes latérales battantes, propulsant l'appareil.

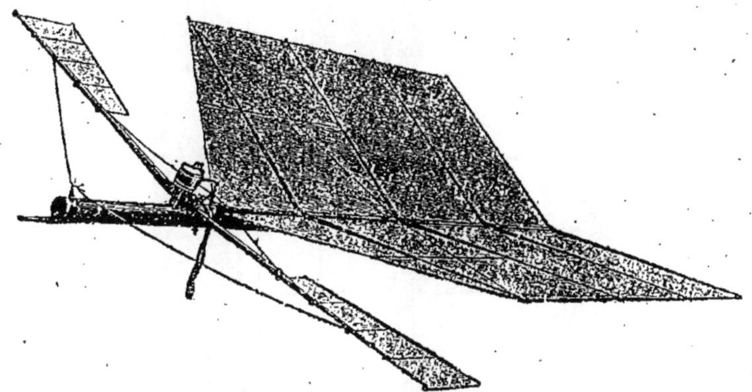

Fig. 13. — Le modèle de M. Hargrave.
Le moteur à air comprimé actionne deux ailes battantes.

|  |  |  |  |
|---|---|---|---|
| *Moteur* : Réservoir d'air comprimé | Volume | 4 dmc. | 110. |
| | Longueur | 2 m. | 11. |
| | Diamètre | 0 m. | 051. |
| | Poids | 0 kil. | 439. |
| | Pression employée 17 k., 6 par cmq. | | |

(1) Voir un très intéressant article sur M. Hargrave dans le Cerf-volant, n° 2, Sept. 1909.

| | |
|---|---|
| Diamètre du cylindre 0,051 | Long. des ailes 0$^m$79. |
| Course 0,037 | Surf. des ailes 1390. |
| Pression réduite 4 k. p. cmq | Poids total 1 kg. 670. |
| Poids du moteur 0 kg. 312 | Dist. parcourue 156$^m$50. |
| Rendement 0,29 | Durée 23 secondes. |
| | Vitesse 16 k.250 à l'heure. |

Fig. 14. — Appareil de Herring.

M. Hargrave construisit aussi un autre modèle de 1 kg. 830, à vapeur, chaudière Serpollet, avec l'alcool méthylique comme combustible.

M. A. M. Herring, le collaborateur de M. Chanute, décrivit dans l'Aéronaute (1) ses modèles réduits : « J'ai construit, en 1891, un aéroplane pourvu de deux machines Compound à vapeur (*fig.* 14). agissant sur deux hélices placées l'une en avant de l'autre, en arrière du plan sustentateur et ayant un condensateur tubulaire en aluminium de 0 mq 834 ; les machines complètes, pompes alimentaires de circulation, les arbres, la chaudière, son foyer et ses réservoirs, mais sans compter le condensateur, pesaient moins de 450 grammes et développaient 2/10 de C. V. ; le condensateur complet avec ses joints et ses accessoires pesait seulement 385 gr., le poids total était 2 kg. 265, et la surface 1 mq. 31.

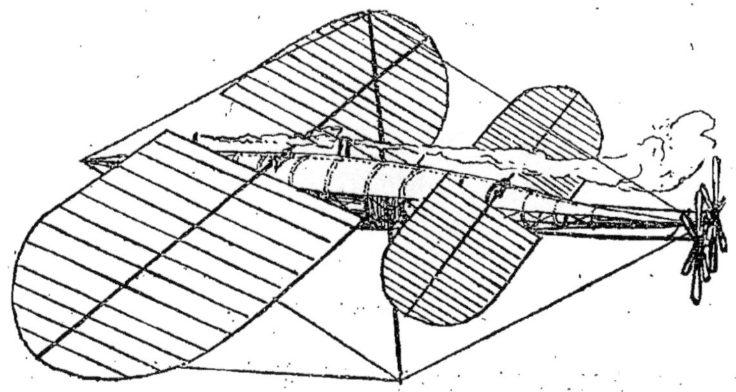

Fig. 16. — Langley (1891 19..?), 1er Type.

La machine réussit plusieurs fois à se soulever de terre par ses propres forces, sans qu'on l'aidât en rien, même au départ, et je pus arriver à lui faire parcourir en volant une distance de 73 mètres.

Elle portait à peu près 13 kgs 600 par force de cheval et si elle n'avait pas été détruite par l'explosion de la chaudière, je crois qu'une meilleure disposition du régulateur aurait permis de transporter 25 à 27 kg. par cheval.

S. P. Langley, secrétaire de la Smithsonian Institution de New-York, a eu, comme nous l'avons dit, pour point de départ, le Planophore ou l'héli-

---

(1) Aéronaute, avril 1893. Engeniering de Londres, 10 mars 1893.
(2) Aéronaute, sept. 1896.

coptère de Penaud : « Il construisit en 1892 un premier modèle d'aéroplane (*fig.* 16), la partie principale, l'épine dorsale du fuselage, était un long tube d'un alliage d'aluminium et d'acier de 4 mètres 38 de long. et de 5 centimètres de diamètre, pièce très légère dont Langley était venu lui-même, en France, pour surveiller la fabrication. et le transport.

Ses machines placées à l'avant sont extrêmement légères : 1 kg. 700 par cheval, il y a 4 chaudières en cuivre martelé de 3 kgr. 170 chacune. Elles occupent les parties médianes du fuselage ; au lieu d'eau, on emploie un hydrocarbure très volatile dont la composition exacte est secrète, mais vaporisable à une très basse température ; le combustible employé est de la gazoline raréfiée qui occupe un réservoir à l'extrémité postérieure du fuselage. On a expérimenté des hélices de différents pas de 20 à 80 centimètres, jusqu'à présent aucune n'est définitivement adoptée ; avec celles de 0$^m$20

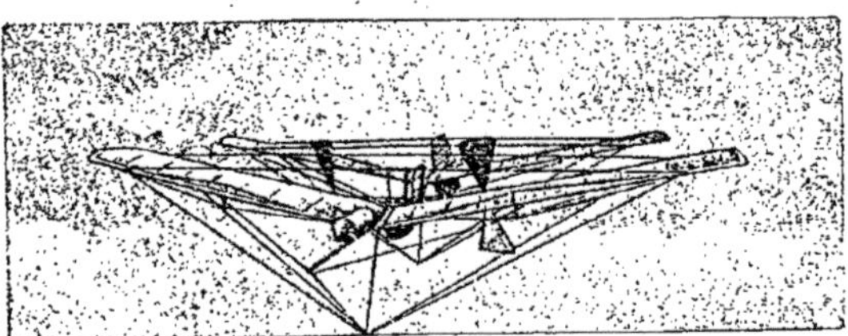

Fig. 17. — Langley, 2$^e$ Type.

de pas, la machine atteint 1700 tours à la minute, avec la plus grande elle décroît un peu ; une mince enveloppe d'amiante protège la chaudière des pertes caloriques par rayonnement.

Les ailes ont 12$^m$20 × 1$^m$07, elles sont en aluminium, recouvertes de soie de chine, l'angle d'attaque est réglable. Un mât tubulaire central est relié par des boulons aux diverses parties de l'aéroplane, ce qui lui donne une très grande rigidité. Cet appareil fut abandonné. Langley passa à la construction d'une seconde machine. Elle fut construite dans le plus grand secret et les ouvriers de l'Institution Smithsonienne étaient assermentés et rien ne transpira jusqu'à ce que ce premier type ayant été abandonné, l'Académie française des Sciences reçut, en 1896, une communication concernant les performances de l'aéroplane. Ce second modèle, construit en acier, avait une envergure de 4$^m$27 et une longueur de 4$^m$56 ; il était propulsé par deux hélices de 1$^m$22 de diamètre, le pas étant 0$^m$38, tournant à 1000 tours, le poids total était de 13 k. 500.

La machine, contenue dans une enveloppe métallique, a nécessité des études et des modifications innombrables ; la chaleur fournie par la gazoline transformée en gaz ferait fondre immédiatement la chaudière si l'air n'y circulait pas. L'appareil lancé sur le Potomac, le 18 nov. 1896, par une catapulte, avait une provision d'eau pour une minute et demie, alors que sa provision normale est de 5 minutes ; il parcourut 1600 mètres en 1 minute 43 secondes. Avec l'approvisionnement complet, le parcours aurait pu être de 3200 m.

Elevage du moteur : 0^m032.

Course : 0,051.

Puissance : un cheval et demi.

Poids du foyer et chaudière : 1750 g,

Poids du moteur : 0 kg.636.

Poids de l'essence vaporisée : 285 gram.

Eau : 1 kg. 800

Pression : 10 kg.500 par cmq.

Langley continua ses expériences jusqu'en 1903, date où le Ministère de la Guerre qui s'était intéressé pécunièrement aux essais, ayant vu les premières performances de nos dirigeables, se désintéressa complètement de l'inventeur.

Nous mentionnerons les petits modèles sur lesquels O. Lilienthal faisait ses expériences de planement (*fig.* 18). Celui dont nous donnons le dessin

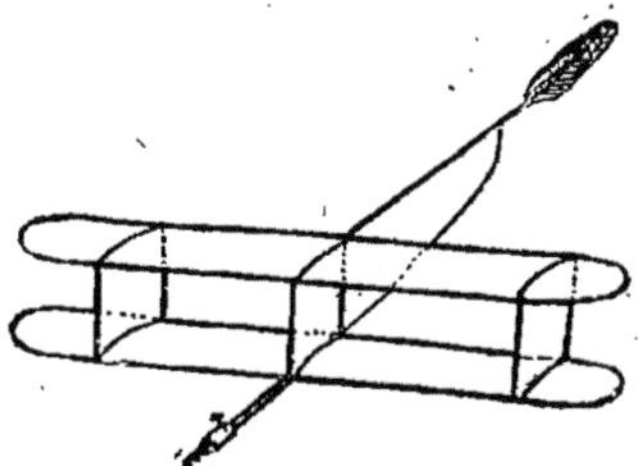

Fig. 18. — Lilienthal.

avait 3 surfaces verticales dont une centrale se prolongeant jusqu'à la queue formée d'une large plume ; à l'avant, sur une tige, se déplace un contre-poids pour régler l'appareil qui avait environ 50 dmq de surface.

Hoffmann construisit de nombreux modèles réduits (1) (*fig.* 19) depuis 1896 jusqu'en 1901 ; à la fin de mars 1897, à Francfort-sur-le-Mein, à l'occasion

(1) L'Aéronaute, mars 1898.

d'une communication sur l'Aviation faite à une société d'ingénieurs, il présenta son modèle : « La chaudière inférieure contient 20 à 30 gr. d'acide carbonique liquide qui se rend aux buses par un serpentin un peu échauffé avant l'expérience ; ces tuyaux sont verticaux au lieu d'être horizontaux comme dans le projet de la grande machine où ils devraient souffler sous

Fig. 19. — J. Hoffmann.

les surfaces portantes ; ce modèle devait démontrer que l'on peut construire un aéroplane jouet sans aucune pièce mécanique mobile.

Il construisit encore d'autres modèles réduits de 3 kg.5 à 4 kg., actionnés par des hélices mues par un moteur à vapeur ; ces appareils volaient tous à quelque distance.

Le grand modèle fut détruit par le vent avant d'avoir pu être essayé.

## § 3. — LE MOUVEMENT ET LES MODÈLES ACTUELS

Depuis les dernières expériences du Professeur Langley qui se terminèrent par les vols des grands appareils sur le Potomac, nous avons consulté en vain toutes les publications et livres spéciaux sans noter le moindre modèle intéressant l'aéroplane.

Nous avons ouï dire que les grands constructeurs actuels firent vers cette époque des essais avec des modèles avant la construction de leurs grands appareils, mais ils ne jugèrent pas utile de publier leurs résultats, ce qui fait que nous n'avons guère de documents positifs que sur les suivants:

MM. Levavasseur et Ferber, après de nombreuses discussions pour établir le monoplan « Antoinette » furent conduits à la construction de l'appareil actuel ; ils firent établir par M. Lein un modèle réduit de leur projet ;

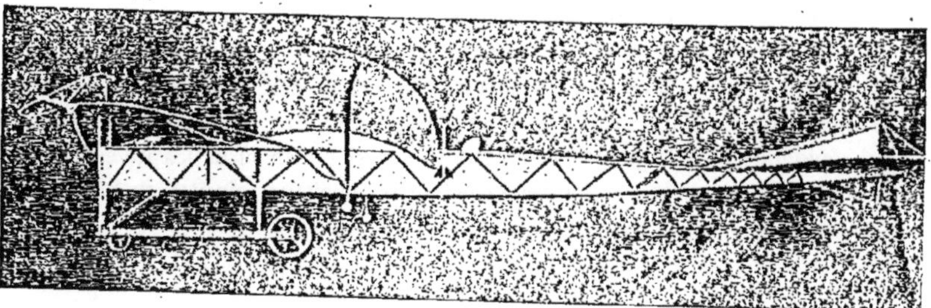

Fig. 20. — Ferber-Levavasseur.

cet appareil en différait légèrement, car on désirait le faire voler, il y réussit magnifiquement à Issy-les-Moulineaux (*fig.* 20-21) faisant plus de cent vols de 100 à 110 m.

Fig. 21. — L'aéroplane Ferber-Levavasseur en plein vol.

Les inventeurs firent aussi une série de modèles de dimensions semblables et croissantes, mus par le moteur à caoutchouc ; ils trouvèrent des lois de proportionnalité et de nombreux coefficients.

Cet appareil a été donné à M. A. Triaca pour l'International School of

Aéronautics de New-York (1). Il était composé d'un fuselage triangulaire avec deux ailes très rigides, ayant un profil demi-cylindrique et concave inférieurement, trouvé excellent par les inventeurs ; la queue porte des stabilisateurs horizontaux et verticaux. Ce modèle, lancé dans n'importe quelle position, retrouve toujours son équilibre ; il arrive à flotter sous des vitesses très réduites qui ont pu descendre à 4 mètres à la seconde, avec un moteur à caoutchouc tordu.

En général quand nous sortons du cercle des spécialistes scientifiques pour entrer dans celui des inventeurs, il faut des concours pour mettre en évidence les aéroplanes intéressants, car si on en croit les inventeurs, leur aéroplane a volé 500 mètres et est resté plusieurs minutes en l'air.

## PREMIER CONCOURS DE L'AÉRO-CLUB DE FRANCE

Un premier concours de modèles réduits d'aéroplanes fut organisé par la Commission d'aviation de l'Aéro club de France en 1905 à la Galerie des machines ; les engagés présentaient presque exclusivement des planeurs qui étaient lancés du haut d'un pylone de 41 mètres de haut. Le seul modèle à moteur de caoutchouc était trop léger pour être examiné par le Jury. Ce fut celui de M. Delizy, d'une surface de 1 mq.; une mention honorable lui fut décernée ainsi qu'à L. Paulhan qui avait construit un grand appareil de 25 kilos, type Langley, qui n'était malheureusement pas terminé.

Les modèles étaient classés d'après leur qualité, nous verrons d'autre part combien il est difficile de les classer ; le modèle B. du cap. Ferber semble avoir résolu la question de la meilleure façon.

$$\text{Qualité} = \frac{P}{S} \times \frac{t^2}{H^2 k}$$

t = Temps de chute.

H = Hauteur de chute = 41$^m$60.

P = Poids.

---

(1) Aérophile, 15 février 1908.
Voir une Photo de cette école dans *La Lecture pour tous* d'octobre 1909, page 64.

S = Surface.

k = Coef. de la résistance de l'air = 0,85 dans les calculs suivants :

| ENGAGÉS | $\dfrac{P}{SH^2K}$ | t | Qualité | REMARQUES | RÉCOMPENSES |
|---|---|---|---|---|---|
| | kilogs | sn | | | |
| Peyret | 0 0277 | 18.2 | 9.2 | A parcouru 131 mètres | Médaille d'Argent |
| Burdin | 0.0125 | 16.2 | 3.5 | | — d'Argent |
| Mouren | 0.00376 | 38.4 | 5.4 | Surface 0 mq 2 | — de Bronze |
| Henrion | 0.0188 | 14.8 | 4.1 | | — d'Argent |
| J. Weiss | 0.00418 | 42.2 | | Trop léger | — de Bronze |

Records des appareils en 1905.

Les planeurs Mouren et Weiss trop légers ne furent pas classés, cependant étant donnée leur splendide performance : 42 secondes en l'air ! ils furent récompensés.

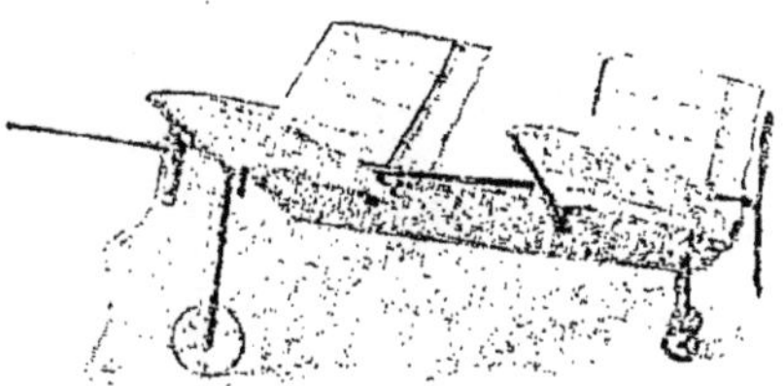

Fig. 22. — Aéroplane Paulhan et Burdin.

L'appareil de Peyret était un planeur type Langley lancé par une fusée d'artifice, poids 3 k. 5, surface 1 mq. 50.

Celui de Burdin, type Wright, pesait 2 kgs pour 2 mq. 7 de surface. Ces appareils lourds n'avaient pas le temps de prendre suffisamment leur vitesse de régime, leur abatée trop longue les désavantageait.

Nous noterons que les opérations du Jury durèrent trois jours :

1er jour. Présentation, pesage, essais préliminaires.

2e jour. Essais publics, le Jury retenait les meilleurs de la journée.

3e jour. Derniers essais.

.On voit que le concours était .organisé par un comité. des plus 'sérieux
et des plus compétents ; il permettait aux concurrents de régler, de réparer
leur machine en cas d'avarie,. de procéder enfin à des essais multiples, car
ce n'est pas en trois essais, comme dans nos derniers concours français,
que l'on peut juger d'un modèle réduit.

## PREMIER CONCOURS DE L'AÉRO-CLUB
## DE GRANDE-BRETAGNE

En 1907 l'Aéro-club de Grande-Bretagne organisa à son tour, à l'Agricul-
tural Hall de Londres, un concours de modèles qui eut un certain succès (1),
le premier prix de 3000 fr. fut réservé, mais le second de 1875 fr. fut -
attribué à M. A. V. Roë (constructeur du seul triplan anglais ayant donné

Fig 23-24. — Paulhan et Burdin, leurs modèles réduits.

d'excellents résultats) pour son appareil qui parcourut 27 mètres ; c'était
un biplan genre Wright, avec deux surfaces à l'arrière entre lesquelles tournait l'hélice (*fig.* 24).

Le troisième prix (1375 fr.) fut attribué à M. Howard, dont l'appareil,
mu par un ressort d'horlogerie, vola 30 mètres (*fig.* 25), surface 2 dmq.,
hélice d'un diamètre de 15 cm., poids approximatif 500 grammes.

---

(1) Automobilia & Mechanical Flight, May 1907.

Cet appareil semble être le seul qui, ayant un mouvement d'horlogerie, ait accompli un vol homologué devant témoins.

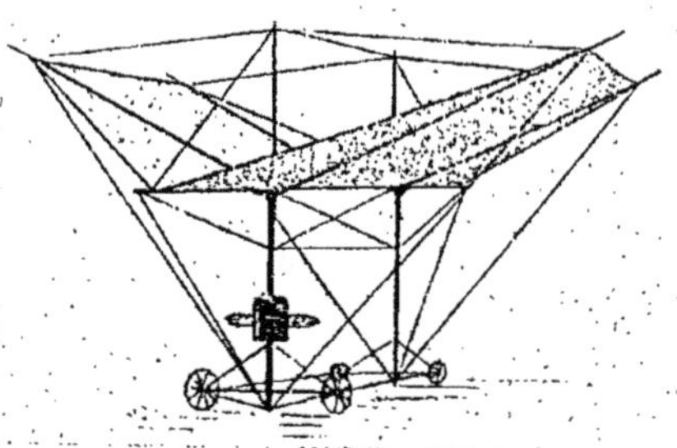

Fig. 25. — Howard.

M. Weiss triompha seul des épreuves à l'air libre, il lança son oiseau planeur de 2 m. 10 d'envergure (*fig.* 26) et de 0 mq. 77 de surface, de 2 kgs 8 de poids total, dont 1 kg. 5 de poids utile transporté. Vitesse acquise 12 mètres à la seconde. Le courant ascendant de 15 à 20° qui soufflait à 10 mètres à la seconde permit à ce modèle une trajectoire ascendante. M. Weiss. a continué ses expériences captivantes.

Le reste des appareils concurrents était composé d'ornithoptères et d'hélicoptères dont ce fut une belle défaite (1).

## LES OISEAUX PLANEURS JOSÉ WEISS

Voici ce qu'il écrivait en 1908 (2) : « Dans le courant de l'été dernier j'ai obtenu d'un petit modèle de 4 kgs quatre grandes orbes consécutives portant mon modèle à une centaine de mètres au-dessus de son point de départ, et un autre jour un petit modèle de 500 g. lancé dans un vent ascendant assez fort, après s'être élevé d'une dizaine de mètres, est resté pendant 40 secondes, montre en main, presque cloué sur place, ne se déplaçant en aucun sens de plus de deux ou trois mètres ; pendant ces 40 secondes la vitesse du vent était égale à la vitesse de régime du modèle et le courant ascendant compensait exactement sa chute ». M. José Weiss progressant

(1) Aérophile, mars 1905. Rapport du capitaine Ferber.
(2) Aérophile, 15 déc. 1908.

sérieusement sur les intéressants appareils exposés en 1907 au concours de l'Aéro-club a obtenu un planement de 1.100 mètres en une minute et 10 secondes avec des angles de chute de 2 à 3°. Le modèle de la photographie n° 1 pèse 13 kgs pour 1$^m$80 de surface et 3$^m$30 d'envergure ; dans d'autres parties du même article, l'auteur nous montre que d'après les expériences qu'il a faites, la résistance à l'avancement des corps fuselés des oiseaux était pratiquement nulle, la trajectoire est sensiblement horizontale pour les oiseaux bons planeurs, que le vol à voile n'a lieu que lorsqu'un obstacle quelconque, si petit soit-il, fournit une colonne ascendante.

Nous savons que M. Weiss a construit un grand appareil sur le modèle

Fig. 26. — Planeur de M. José Weiss.

des petits ; mais nous ignorons s'il a pu reproduire sur ce dernier les intéressantes expériences qu'il a obtenues avec ses modèles réduits.

M. Delizy aurait, lui aussi, reproduit (1) avec un planeur un vol à voile, pendant un quart d'heure sans descendre, l'appareil, soutenu par le vent, n'ayant pas bougé de place pendant cinq minutes, à douze mètres du sol.

## 1$^{er}$ CONCOURS DE L'AÉRONAUTIQUE-CLUB (1907)

L'Aéronautique-club de France organisa en 1907 un second concours de modèles.

---

(1) L'Aéronaute, février 1904. L'Aérophile, septembre 1907.

Paulhan et Burdin gagnèrent les premiers prix avec des modèles type Langley, mais dont la qualité d'après la formule de Ferber était de 11,7 ; l'appareil allégé faisait 8 fois la hauteur de chute ; d'une surface de 1 mq., il pesait 2 kg 500 ; angle de chute 6° ; le moteur était constitué de 250 grammes de lanières de caoutchouc développant 60 kgrm., animant l'hélice de 0$^m$45 de diamètre et 0$^m$33 de pas à 30 tours à la seconde ; l'aéroplane volait à une vitesse de 8 m. à la seconde, donc son rendement était de 25 %.

Le travail disponible restait égal à 3 kgrm. et était nécessaire à la sustentation. P. $\times$ sin 6° $=$ 2 kgm. Il restait donc 1 kgrm. soit 33 % du travail disponible absorbé par la translation et le frottement de l'air sur l'ensemble, ce qui est très élevé. Cependant remarquons que l'appareil transportait 45 kgs par cheval vapeur. Les autres modèles présentés n'étaient ni intéressants, ni mis au point (1).

## 2ᵉ CONCOURS DE L'AÉRONAUTIQUE-CLUB (1908)

Un deuxième concours fut organisé par le même club, il réunit le nombre extraordinaire de 46 engagés, plus du double de l'année précédente ; les appareils étaient plus soignés, avaient presque tous des moteurs (en 1907 il

Fig. 27. — Leuilleux et Fardel.

n'y en avait que deux). Il y avait deux catégories : au-dessus et au-dessous de deux kilos. Paulhan gagna le premier prix avec l'appareil de l'année pré-

(1) C'est dans le but d'étudier de très près les modèles réduits que M. Brianne a eu l'heureuse idée d'inventer un appareil qui consiste en une transmission flexible d'un mécanisme moteur à l'hélice du modèle réduit qui vole au dessus d'une table circulaire. On peut faire ainsi des mesures et des expériences comparatives du plus haut intérêt.

cédente, très légèrement modifié, que nous verrons plus loin , il remporta en outre le prix spécial du capitaine Ferber, destiné à l'aéroplane qui, moteur arrêté après le vol, descendrait en vol plané stable (1).

Dans la seconde catégorie MM. Leuilleux et Fardel (*fig. 27*), obtinrent la première place, car dans le petit modèle que nous présentâmes nous-mêmes, le fil directeur du gouvernail vertical s'étant enroulé dans l'axe de l'hélice, notre appareil obliqua brusquement à gauche au bout de 16 mètres et les 20 mètres faits de côté ne nous furent pas comptés dans la distance parcourue ; nous n'insisterons pas sur notre appareil de 1908 dont nous avons bien vite aperçu les défauts.

Le monoplan Leuilleux et Fardel actuellement exploité par la maison « Le Gracieux » était bien taillé en forme de flèche avec divers plans à l'avant et à l'arrière, le moteur était constitué par deux chambres à air de caout-chouc tordues l'une sur l'autre ; ce moteur un peu violent leur fit cependant parcourir 29m80, poids 0 kgr. 520.

M. Delizy présentait un tout petit biplan (*fig. 28*), mu par deux hélices

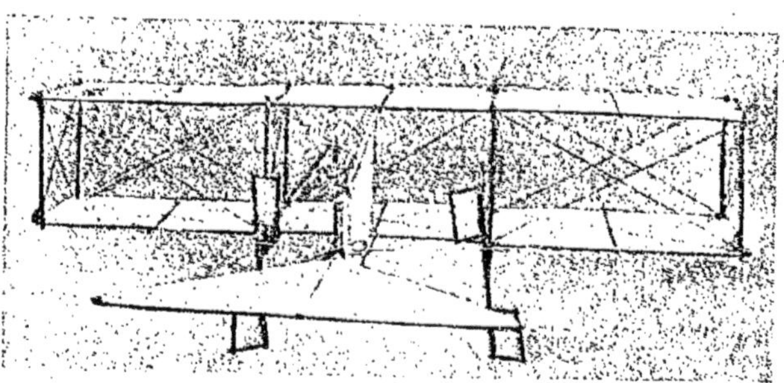

Fig. 28. — Delizy

tournant en sens inverse, qui fonctionnait bien, mais descendait en tournant.

Nous citerons en terminant les charmants petits oiseaux en papier de M. Mouron, dont l'ondulation de la trajectoire ressemble à celle d'oiseaux vivants.

## CONCOURS DE 1909

Un seul petit concours fut organisé par l'Académie aéronautique de France, au Gymnase Voltaire d'ailleurs bien trop petit.

(2) L'Aéronautique, juillet 1908. Rapport du capitaine Ferber.

Paulhan fut disqualifié pour avoir, malgré le règlement, poussé son aéroplane, pendant trois mètres ; comme l'année précédente au concours de l'A. C. D. F. l'appareil entretenait seulement la vitesse acquise.

Une révélation fut le ski aérien, véritable type de cette sorte d'appareil que nous avons eu quelque peine à classer : l'aéroplane jouet, lancé à la main, n'employant pour soulever son moteur à double hélice que le minimum de surface.

C'est dans ce concours que nous avons vu, pour la première fois entrer en compétition les jouets du commerce tel que le biplan « Olympia »

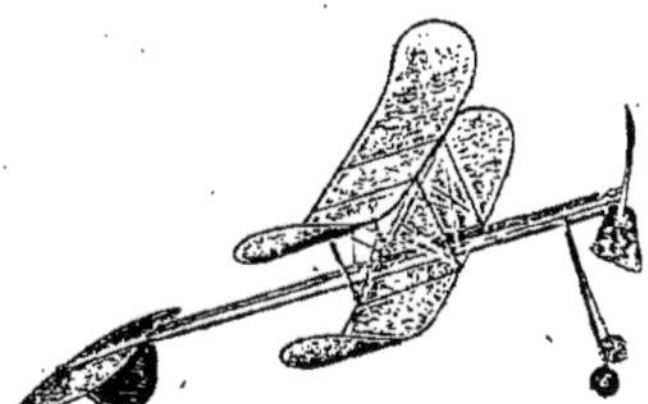

Fig. 29. — Appareil Olympia.

qui (*fig. 29*) vole gracieusement et qui semble être une transformation et une amélioration du Planophore de Penaud.

## PREMIÈRE COUPE DE BAEDER

Ce fut cette même année que l'aviateur De Baeder, Directeur de « l'Office d'Aviation », institua sa coupe pour encourager la construction des modèles réduits parmi les scolaires aviateurs.

I. La coupe des Aéro-clubs scolaires sera détenue pendant un mois par le lycée, l'école ou l'institution dont l'élève aura construit l'aéroplane qui aura volé le plus longtemps sans atterrir.

II. L'épreuve se disputera le premier jeudi de chaque mois et sera organisée par l'Aéro-club J.-B. Say.

III. Les engagements seront gratuits et devront être envoyés à l'Office d'Aviation, 3, Avenue de l'Opéra, quinze jours au moins avant la date du concours.

IV. Tous les élèves âgés de moins de 20 ans, des lycées, écoles ou institutions, pourront y prendre part.

V. Les vols seront homologués par les commissaires de l'A. C. de J.-B. Say et par un délégué de l'Office d'aviation.

VI. Les appareils devront partir du sol et la durée du vol sera comptée à partir de leur passage au-dessus d'une corde tendue à 5 cent. du sol, le départ devra se faire sans poussée sur une portion de terrain désignée d'avance et qui sera la même pour tous les concurrents.

VII. Les concurrents auront droit à deux essais, et seront classés d'après le total des durées des vols qu'ils auront effectués.

VIII. Les différends seront tranchés par une commission composée du Président de l'A.-C. J.-B. Say, du délégué de l'Office d'aviation et du président du Club auquel appartient le concurrent.

IX. L'engagement au concours tient lieu d'acceptation du présent règlement.

## RÉSULTATS

Le 1er Tenant de la Coupe fut M. I. de Montera (lycée Janson de Sailly) dont l'appareil fit 65 mètres en 29 s. 1/5, le 14 juillet 1910.

Le 2e Tenant fut M. C. Insall, « Anglo-Saxon School » dont l'appareil parcourut 103 mètres en 27 s. 4/5, le 7 août 1910.

La première coupe ayant été définitivement gagnée par M. C. Insall, le règlement d'une deuxième coupe fut élaboré.

## LA 2e COUPE DE BAEDER

I. La Coupe de Baeder sera détenue pendant un mois par le lycée, l'école ou l'institution dont un élève, âgé de moins de 20 ans, aura imaginé et construit l'aéroplane réduit qui aura volé sur la plus grande distance en emportant le plus grand poids par centimètre carré de surface.

II. L'épreuve se disputera le dernier jeudi de chaque mois et sera organisée par l'Aviatic-Club Scolaire.

Les engagements gratuits devront parvenir quinze jours avant la date de l'épreuve à l'Aviatic-Club Scolaire, 1, rue Mignet.

III. Les appareils devront partir du sol, sans poussée, et la longueur du vol sera mesurée à partir de leur passage au-dessus d'une corde fixe tendue à cinq centimètres du sol.

IV. Les concurrents auront droit, au maximum, à trois essais.

Tout vol dans lequel l'appareil se sera retourné, soit pendant la durée du vol, soit à l'atterrissage, sera annulé.

V. L'engagement au concours tient lieu de pleine acceptation du présent règlement.

Une troisième coupe est à l'heure actuelle en compétition.

## CONCOURS DE L'AUTO

Nous noterons aussi le concours de jouets de « l'Auto » organisé le 3 avril 1910, au Parc des Princes ; il réunit 116 aéroplanes partants, mais les concurrents ne devaient pas être âgés de plus de 12 ans.

Le prix d'honneur revint au monoplan Dieterlin, très original, ayant volé 48 mètres ; bâti de bois profilé, hélice tractive de 0$^m$25 cm. de diamètre ; ailes en plumes de dinde superposées, procédé d'attache curieux, stabilisateurs et gouvernails de direction arrière en plumes d'oie.

Premier prix : appareil commercial « Antoinette », vol de 42 mètres, deux moteurs à caoutchouc réunis par un engrenage.

2° Prix : appareil commercial « fendant l'air », dans le genre de l'Aérien, 39 mètres.

3° Prix : Monoplan Blériot de « Schmeltz et Besnard », 36 mètres.

Une série de 5 appareils envoyés de Palerme par le chevalier Florio n'eut pas de chance, le vol de départ arrêté à 35 mètres ne fut qu'officieux, car ils se brisèrent tous ; type monoplan, 1$^m$50 × 1$^m$, deux hélices tractives de 0$^m$50 de diamètre, poids 1 kg. 580.

# Etude de quelques aéroplanes actuels

## 1° PAULHAN, TYPE LANGLEY (1)

C'est un appareil très scientifique, réduction de l'appareil construit en 1907, par MM. Kapférer et Paulhan : envergure 1$^m$75, longueur 1$^m$65, largeur des plans 0$^m$30, ils sont légèrement arqués et coulissés sur les encoignures, l'intervalle entre les plans est de 0$^m$65, surface 1 mq 20 couverte en soie de Chine. Poids 2 kgs 800.

---

(1) M. Kreiss, l'aviateur autrichien, revendique la priorité des deux ailes en tandem. « Comment l'oiseau vole. Comment l'homme volera », page 47.

L'hélice à lanière, protégée par deux roues fixes, est mue par un moteur
en caoutchouc de 1$^m$60 de long, poids o kg. 300 gr. ; des douilles d'aluminium permettent l'emboîtement des diverses parties. L'appareil est facile-

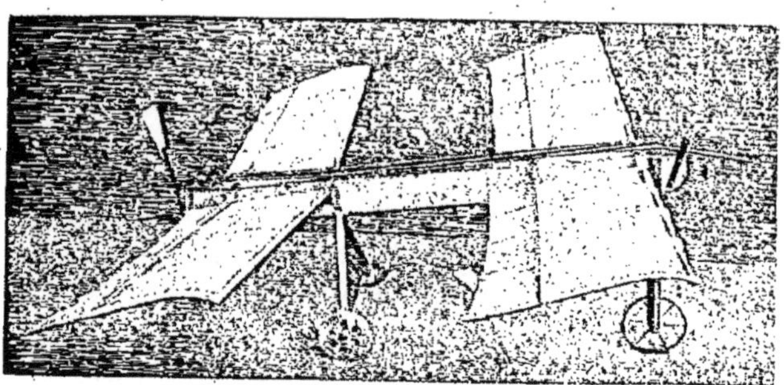

Fig. 30. — Paulhan type Langley

ment démontable avec une clef anglaise. Lancé fortement, l'appareil entre-
tient une vitesse de 8 à 10 mètres à la seconde pendant 100 mètres environ,
son prix élevé le met un peu au-dessus de toutes les bourses, mais il est facile
à reproduire et malgré le fini de la construction il est assez simplement bâti.

Cet appareil est vendu par l'Office d'Aviation.

## 2° MONOPLAN J. LEPETIT

Cet appareil, assez semblable à celui de M. E. Colleu, son collaborateur, a
gagné tous les premiers prix au concours de modèles de la Société Aérienne
de Bretagne, le 13 mai 1910, à l'hippodrome de Rennes.

La réunion eut lieu par un vent assez fort, les appareils étaient lancés
contre le vent du haut de la tribune du champ de courses, haute de 10 mètres
environ ; l'aéroplane Lepetit se maintient un moment au-dessus de la
tête du Jury, après avoir progressé contre le vent, sa vitesse étant alors
égale à celle du vent, il est allé ensuite se poser par un vol plané splendide
à 100 mètres environ du point de départ, vol officiellement chronométré ;
cet appareil, résultat de plusieurs années de travail, est merveilleuse-
ment centré.

M. Lepetit avait construit pour ce même concours un planeur monoplan, dont la carcasse de fil de fer soudé n'avait besoin d'aucun tendeur,
le plan principal partait d'une tige de bambou. A l'arrière un empennage.

Cet appareil fait 8 mètres à la seconde et parcourt 8 fois la hauteur de chute.

Envergure 1 mètre, longueur 1$^m$30, profondeur des plans 0$^m$20, queue 0$^m$35 × 0,65

## MONOPLAN DE L' « AÉRIENNE »

Cet appareil (*fig.* 32), très curieux, se démonte comme se plie un parapluie, le moteur est constitué par 50 mètres de caoutchouc appelé, en France, fil anglais n° 18, bien qu'en Angleterre cette mesure et cette section de caoutchouc soient absolument inconnues; l'hélice a c$^m$35 de pas et est située en avant.

Dans cet appareil la règle des 3V est très bien appliquée, on en voit les

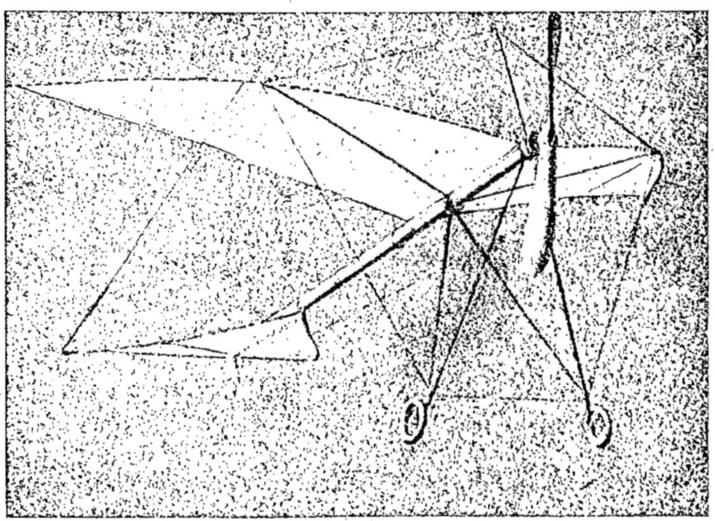

Fig. 31. — Monoplan de " l'Aérienne ".

bons résultats. Cet aéroplane est construit en baleines de parapluie et en tubes d'aluminium; il est couvert de soie.

L'appareil vole 45 mètres avec 120 tours d'hélice.

## AÉROPLANES DE MM. INSALL FRÈRES

MM. Insall frères ont parfaitement compris les caractéristiques nécessaires pour faire de la distance ; leur aéroplane est un monoplan d'une grande surface, l'envergure est de $1^m40$ et la longueur de $1^m75$, elle permet un long faisceau de caoutchouc qui se déroula pendant 27 secondes 4/5, le 4 août 1910, et permit à cet appareil de faire 103 mètres. Ce modèle pèse un poids extraordinairement faible : 150 grammes ; le travail de translation diminuant

Fig. 32. — Aéroplane de MM. Insall frères.

avec le poids, et par conséquent la distance augmentant, les jeunes inventeurs ont fait tous leurs efforts pour le réduire ; ils ont ajouré le cadre portant le caoutchouc et gratté sur tous les côtés ; la surface centrale construite en rotin comporte une forte courbure.

Ils ont construit un second appareil pour faire de la vitesse, appareil plus petit et très intéressant dont nous donnons la photographie.

### CARACTÉRISTIQUES

**Appr. n° 1 de durée**

| | | |
|---|---|---|
| SURFACE.. | Portante............... | o mq 30. |
| | Queue ............... | o mq 05. |
| | Gouv. et stab......... | o mq 07. |
| POIDS.... | Complet............... | 190 grammes. |
| | Caoutchouc (fil anglais). | 45 grammes. |

| | | |
|---|---|---|
| Hélice... | { Pas | o m. 43. |
| | { Diamètre | o m. 33. |
| Vitesse m. p. sec. | | 2 à 3 mètres p. sec. |
| Durée du vol. | | 27" 4/5. |

(Concours J.-B. Say, 4 août 1910).
Record de Baeder. Partant du sol
sans poussée.

| | |
|---|---|
| Distance | 50 à 60 mètres |
| Traction de l'hélice grs. | 135 grammes. |
| Nombre de tours | 250 tours. |
| Révolution max | 20 à 25 p. seconde. |

## AÉROPLANES DE MM. MONTERA FRÈRES

Nous donnons le plan de l'appareil qui gagna, en juin 1910, par 65 mètres en 29" 1/5, la coupe de Baeder ; le moteur était composé de 28 mètres de

Fig. 33. — Monoplan Montera.

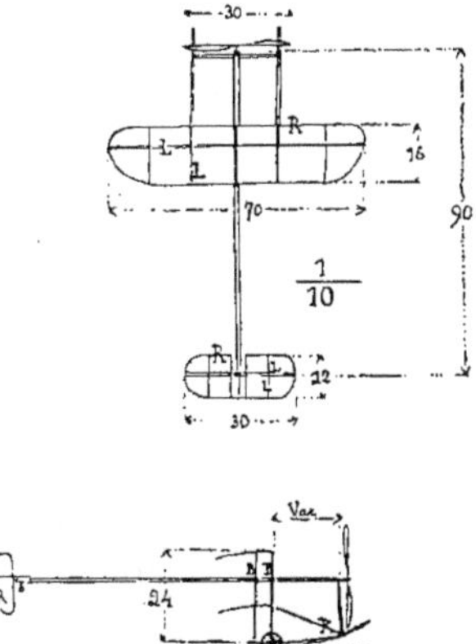

Fig. 34. — Biplan Montera (Plan)

fil anglais, n° 18. Surface 2 dmq 5, poids 200 grammes (*fig.*34) couvert en baudruche.

Un autre appareil, réduction de l'" Antoinette " (*fig.* 35 et 36), se classa troisième (après les frères Insall) dans la dernière coupe de Baeder, pour l'année scolaire 1909-1910 ; les dimensions sont données par les plans ; poids o. 350 gram., surface o mq. 129, pas de l'hélice 30 cm., 50 mètres de fil anglais, n° 18.

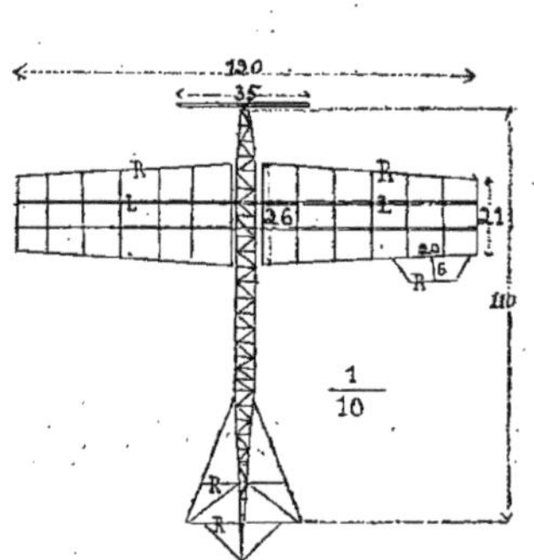

Fig. 35. — Monoplan Montera, genre « Antoinette » (Plan).

Fig. 36. — Monoplan Montera.

Le monoplan (*fig.* 33) dont nous donnons la photo est actionné par 4 lanières de caoutchouc engrenant une roue dentée centrale qui est dans l'axe de l'hélice.

## L'ANTOINETTE

C'est sans contredit le plus intéressant des jouets qui se trouvent dans

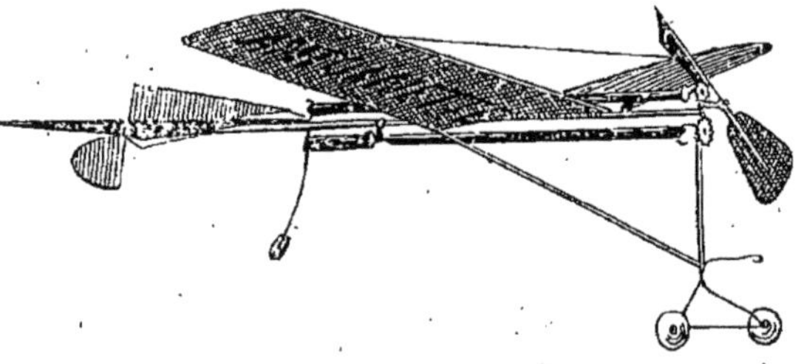

Fig. 37. — Monoplan '' Antoinette ''

le commerce, nous lui avons vu exécuter des vols impeccables, il est construit en tubes d'aluminium et très léger.

## LE SKI AÉRIEN (1)

Longueur 0^m75, largeur 0^m25, l'équilibreur avant fait un angle assez fort, il est à 0^m23 cm. du plan sustentateur 12×30 avançant par son petit côté, ces deux plans sont ovales et tendus en baudruche. Poids total, 40 grammes, appareil solide et réglable, le moteur est composé de 3^m20 de caoutchouc sur 32 cm. et il est pourvu de deux lanières actionnant

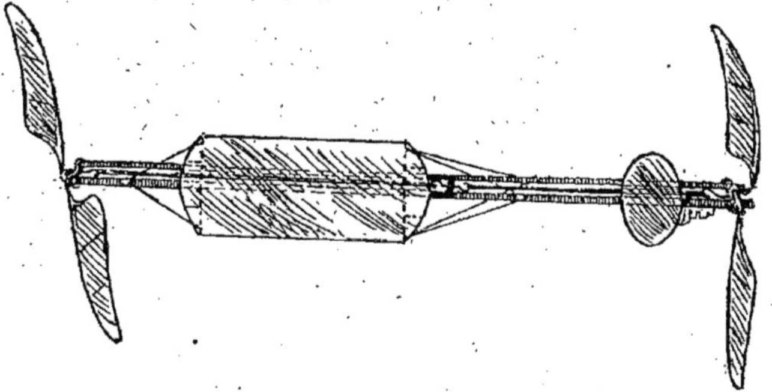

Fig. 38. — Le ski aérien.

deux hélices, une à l'avant et l'autre à l'arrière ; remonté à 160 tours, le « Ski Aérien » parcourt 50 mètres.

## LES MODÈLES EN ANGLETERRE

Quand nous sommes allés, en 1910, en Angleterre nous avons étudié les modèles réduits et les petits aéroplanes car nous savions les magnifiques résultats obtenus, tant pour la distance que pour la durée, par nos voisins d'Outre-Manche.

Avant de passer à une description sommaire des appareils les meilleurs, ayant gagné les derniers concours, nous tenons à faire remarquer que les modèles jouets anglais sont pour la plupart fabriqués en série.

En Angleterre, les petits aéroplanes sont presque tous construit sur le même principe : ce sont des monoplans ou des biplans, avec gouvernail,

---

(1) D'après la description de M. Kaufmann dans « Le Cerf Volant ».

horizontal à l'avant, constitué par une seule surface ; l'appareil est propulsé par une ou deux hélices situées à l'arrière : il est lancé à la main. Nous n'en avons vu que très rarement munis de roues ou de châssis amortisseur.

Le gouvernail vertical est supprimé ainsi que les plans verticaux ; selon nous, on doit attribuer les résultats actuels des petits aéroplanes anglais au règlement du concours de l'Aéro Models Association, qu'organisent et dirigent de jeunes constructeurs anglais.

Le règlement des concours donnés sous leurs auspices est le suivant :

4 classes d'appareils d'après l'étendue de leur surface :

a) 1 square feet (31 cmq.).

b) 2 — — —

c) 4 — — —

d) 8 — — — et au-dessus.

Toute surface soit verticale soit horizontale sera comptée.

La surface totale de l'appareil désignera la classe dans laquelle il pourra concourir.

Les prix seront donnés suivant la longueur du vol.

Des prix spéciaux pourront être attribués dans un autre concours suivant la qualité de l'appareil dans lequel :

| | |
|---|---|
| La distance sera comptée pour | 40 |
| La stabilité — — — | 35 |
| La direction (contrôle) — | 15 |
| L'angle de chute ou de planement | 10 |

De plus le concurrent doit s'astreindre aux règles suivantes :

Il pourra faire autant d'essais privés qu'il voudra, mais devra être prêt un quart d'heure avant l'heure du concours.

Si le concurrent ne répond pas dans les 10 secondes après son appel, il peut être disqualifié.

Chaque concurrent aura 3 essais, le meilleur compte seulement.

Le concurrent pourra réparer son appareil.

La distance sera mesurée en droite ligne du point de départ au point d'atterrissage.

Le comité se réserve le droit de changer et de modifier ces règles.

Comme le lecteur le remarquera, le classement des appareils par surface tend à n'admettre que des appareils construits très légèrement par rapport à leur surface et par cela même les concurrents ont simplifié ou supprimé des organes pour pouvoir répartir sur la partie motrice le poids enlevé aux ailes et aux autres détails de construction, ce qui fait que plusieurs des appareils présentés peuvent aussi fonctionner comme hélicoptères !

Notons également que l'on ne spécifie pas de mode de départ, le charriot d'atterrissage est alors supprimé et tous les appareils sont lancés à la main.

Ces règlements ont complètement modifié et transformé les petits aéroplanes et souvent les appareils présentés n'ont plus rien de commun avec le grand appareil monté.

### Le Bragg-Smith.

Comme la majorité des petits aéroplanes anglais il ne possède pas de queue stabilisatrice. C'est un appareil biplan dont le plan inférieur rejoint le plan supérieur (*fig.* 39) à ses extrémités ; en avant, se trouve un petit gouvernail.

Fig. 39. — M. Bragg-Smith lançant son modèle.

de profondeur composé d'une seule surface. Ce biplan est actionné par une hélice propulsive, il est très léger et sa stabilité est parfaite ; il parcourt de 100 à 150 mètres, mais sa vitesse est très réduite et le met à la merci du moindre vent. Nous l'avons vu rester en l'air 35 secondes ; cet appareil existe en différentes tailles, le modèle courant a une longueur de 50 cm. et une envergure de 46 cm., la largeur des plans est de 11 cm.

*Flemming William 27.*

Monoplan construit en tubes de magnalium (*fig.* 40), vole parfaitement

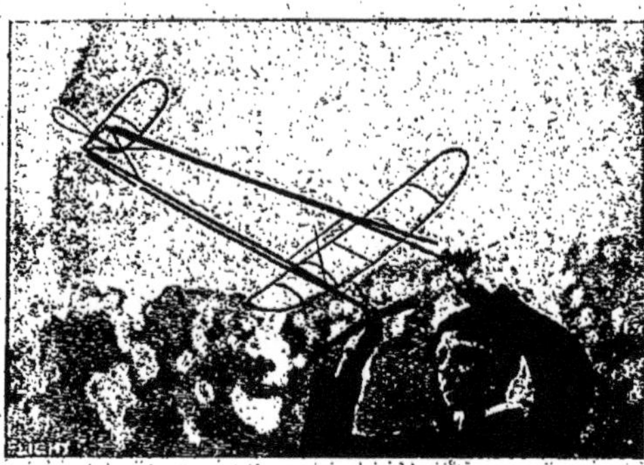

Fig. 40. — Flemming William 27.

bien, actionné par 2 hélices propulsives tournant en sens inverse, gouvernail réglable à l'avant.

Poids, 330 grammes ; largeur, 92 cm. × 20 cm. ; longueur, 92 cm.


*Ding-Sayer.*

Monoplan construit en bambou et cordes de piano, actionné par 2 hélices

Fig. 41. — Ding-Sayer.

propulsives tournant en sens inverse ; cet appareil possède une grande quille et un gouvernail monoplan situé à l'avant. Cet appareil ressemble à l'aéroplane français jouet, l'Alma, dans sa forme générale, mais il est mieux et plus scientifiquement construit (*fig.* 41).

*Les modèles T. W. K. Clarke.*

M. Clarke construit aussi bien les grands appareils que les petits modèles d'aéroplanes, ses modèles sont très intéressants et se font surtout remarquer par leur poids relativement lourd par rapport à leur surface et naturellement par leur vitesse de vol.

Nous donnons ici les caractéristiques d'un de ses petits modèles :

Plan principal { 34 cm.   envergure   {
          { 4 cm.35 profondeur } feuille de sapin
          { 0,08    épaisseur   {

Plan avant :   envergure    16 cm. 45
           profondeur   5 cm. 7

Hélice 1000 tours à la minute.
    Diamètre 18 cm.
    Pas 40 cm.
    Poids 23 grammes.

Poids total avec lest mobile pour le réglage 41 gr. Cet appareil est lancé

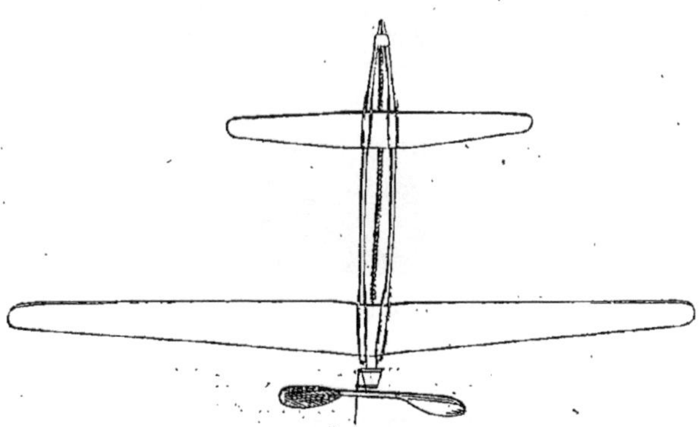

Fig. 42. — Modèle T. W. K. Clarke.

à la main et vole très bien, mais son fonctionnememeit est assez délicat, le moindre changement de température faisant gauchir les surfaces de l'appareil.

La *fig.* 42 est le plan d'un appareil beaucoup plus grand vu de côté, magnifiquement construit, et volant parfaitement ; cet appareil est d'une grande solidité, comme toujours il est lancé à la main.

M. Clarke, gagnant de nombreux concours, possède, en outre, toute une série de modèles de différentes tailles, basés sur les mêmes principes et qui donnent de bons résultats (*fig.* 44).

## Le Webb.

Ce petit aéroplane ne pèse pas plus de 32 grammes (*fig.* 45) et donne des résultats remarquables, il se compose essentiellement d'une seule surface

Fig. 45. — Le Webb tenu en main gauche.

montée sur un tube assez long, il possède deux hélices, une tractive et l'autre propulsive, actionnées chacune par un faisceau de caoutchouc.

Ce modèle vole environ 250 mètres à assez grande hauteur.

CHAPITRE II

————

# THÉORIE ÉLÉMENTAIRE (1)

> « Les expériences effectuées sur des
> « modèles volant librement nous ont dé-
> « montré qu'il fallait à tout prix se main-
> « tenir dans les principes. Ils sont connus,
> « et avant tout, il faut les apprendre.
> *Capitaine Ferber.* (2)

## § 1ᵉʳ RÉSISTANCE DE L'AIR

L'air est le milieu dans lequel l'aéroplane se meut, aussi commencerons-nous par étudier sommairement la résistance qu'oppose l'air aux plans qui s'y déplacent.

Supposons un plan mince vertical se déplaçant suivant une ligne droite, et d'un mouvement uniforme (3), l'air lui oppose une résistance qui se mesure par une force inverse au sens du déplacement, appliquée au centre de figure du plan ; ce point se trouve pour les surfaces régulières et homogènes au centre de gravité. On exprime cette résistance par la formule :

$$P = K\,S\,V^2$$

C'est-à-dire que la pression ou résistance de l'air sur une surface est égale au coefficient de résistance de l'air (K), multiplié par la surface, multiplié par le carré de la vitesse.

La pression (P) étant exprimée en kgs, la surface (S) en mq., la vitesse (V) en mètres secondes, faisons $S=1$ et $V=1$, la formule devient :

$$P = K$$

On voit de suite l'intérêt qu'il y a à connaître expérimentalement ce coefficient ; de nombreuses expériences ont été faites ; dernièrement M. Eiffel a été conduit à donner à ce coefficient la valeur moyenne de 0 kg. 074. Pour les modèles, le Capitaine Ferber conseille 0,3, mais ce coefficient varie avec les dimensions des modèles.

————

(1) Nous avons seulement voulu faire comprendre quelques très simples principes d'Aviation absolument nécessaires pour une bonne compréhension de notre étude.
(2) L'Aéronautique, n° de Juillet 1908.
(3) Des espaces égaux sont parcourus dans des temps égaux.

Les surfaces qui se déplacent ainsi font obstacle à la marche de l'aéroplane, elles sont dites surfaces nuisibles et sont malheureusement inhérentes à toutes constructions ; elles comprennent principalement le bâti, les fils tendeurs, le moteur, le pilote, etc.

Il faut chercher à écarter le plus possible toutes résistances de ce genre, par une construction très étudiée. On a cherché à donner au bâti indispensable, une forme appropriée qui diminuerait la résistance.

Ces formes furent mises en lumière par les études du colonel Renard (1)

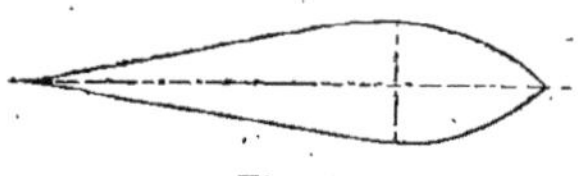

Fig. 46.

elles sont employées pour la carène de nos dirigeables, le fuselage des aéroplanes et les matériaux de construction ; on les retrouve chez nos sousmarins et chez les oiseaux. La forme adoptée par les constructeurs est celle d'un fuseau dont l'allongement est 3 ou 4 fois plus grand que le diamètre (maître couple) et situé au premier tiers dans la longueur et dans le sens du déplacement (*fig.* 46).

Pour les montants des petits appareils, la forme précédente étant difficile à construire on la remplace par un ovale (*fig.* 47).

Reprenons le plan vertical précédent, et faisons-le tourner sur son bord

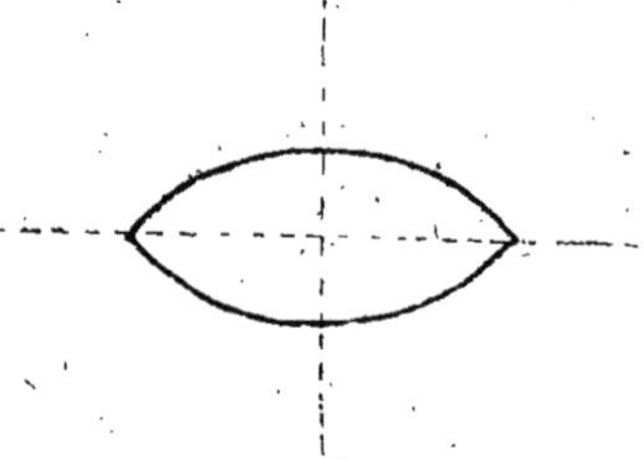

Fig. 47.

inférieur comme charnière, jusqu'à ce qu'il fasse un léger angle avec l'horizontale, cet angle est dit l'angle d'attaque du plan. La résistance de l'air qui tout à l'heure gênait la marche, est toujours perpendiculaire au plan, mais appliquée en un point qui varie suivant l'angle d'attaque ; c'est cette

(1) Renard. L'Aéronautique. Flammarion éditeur. Bibliothèque de Philosophie Scientifique.
Voir aussi les études de la " Brigata Specialisti " Italienne.

résistance — voisine de la perpendiculaire — qui fait équilibre au poids de l'appareil.

L'air est ainsi utilisé comme support en aviation.

On exprime la résistance d'un plan même très aigu pour les petits angles, par la formule :

$$P = K \, S \, V^2 \, \mathrm{Sin} \, \gamma$$

$\gamma$ étant l'angle d'attaque.

Il est facile de déterminer le point d'application de la force résultante d'après ce que nous avons vu précédemment, nous appellerons ce point : centre de sustentation ou centre de pression.

## § II. CENTRE DE PRESSION

Pour les petits angles, seuls économiques en aviation, le centre de pression se déplace suivant les angles d'attaque sur la ligne de symétrie du plan vers le 1/3 de la largeur de l'aile à partir du bord antérieur sur la ligne de symétrie ; cette distance est donnée assez exactement par Joessel. L étant la largeur totale du plan.

$$l = (0,2 + 0,3 \, \mathrm{Sin} \, \gamma) \, L$$

Cette loi est valable pour une surface unique, mais en aviation on emploie des appareils composés de plusieurs surfaces ; nous allons indiquer un moyen simple de trouver le centre de sustentation d'un appareil complet.

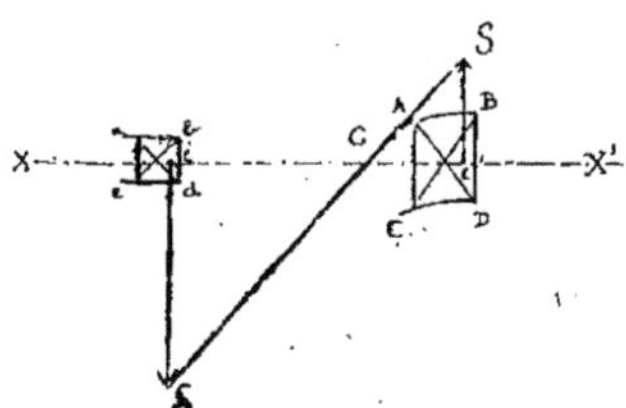

Fig. 48.

Supposons un appareil composé d'une surface biplane en avant A B C D et d'un empennage a b c d, biplan lui aussi, en arrière (*fig.* 48). (1) le plan principal faisant un angle de 6° avec le plan arrière, en appliquant la loi précédente,

$$\text{Pour } \gamma = 0^{\circ} \text{ on a } d = 0,20 \, L$$
$$\text{Pour } \gamma = 6^{\circ} \text{ on a } d = 0,23 \, L$$

(Nous ne nous occuperons pas des différences de sustentation occasionnées par la succession ou la superposition des surfaces).

---

(1) Caldérara et Banet-Rivel. Manuel de l'aviateur constructeur, page 209.

On élève en ces points des perpendiculaires proportionnelles, pour l'empennage : à la surface principale, et pour la surface principale : à l'empennage, et on joint les extrémités opposées ainsi obtenues. Le point d'intersection avec la ligne de symétrie sera le point cherché.

On a, en effet, en considérant les deux triangles c C S et c'CS',

$$\frac{C'S'}{CS} = \frac{Cc'}{Cc} \quad \text{ou} \quad \frac{S'}{S} = \frac{Cc'}{Cc} \quad \text{d'où} \quad S' \times Cc = S \times Cc'.$$

## § III. CENTRE DE GRAVITÉ

*Le centre de gravité* est un point fixe par où passe la résultante de toutes les forces de la pesanteur qui agissent sur un appareil.

Pour les surfaces homogènes et régulières, le centre de gravité se trouve à leur centre de figure, que l'on trouve au point de rencontre des diagonales.

Il est impossible de prévoir exactement la position du centre de gravité ; on le détermine d'une manière pratique et facile, l'appareil une fois terminé. On suspend par un point quelconque l'aéroplane, et on note la ligne que suivrait la corde d'attache si elle était prolongée ; on renouvelle l'opération une seconde fois ; le point de rencontre de ces deux lignes imaginaires détermine exactement la place du centre de gravité.

Dans un aéroplane symétrique le centre de gravité se trouve situé dans le plan médian ; on le trouve encore en cherchant par tâtonnement la position d'équilibre de l'appareil posé sur une pointe ; mais on ne connaît alors que le plan sur lequel il se trouve et non la place exacte dans le plan perpendiculaire.

## § IV. AMÉLIORATION DE LA QUALITÉ SUSTENTATRICE

Afin d'améliorer la qualité sustentatrice des plans, c'est-à-dire le rapport du poids soulevé au travail dépensé, on leur donne de l'envergure et une légère courbure.

Considérons le plan A B C D ; l'air vient heurter sa surface, mais étant gêné dans son écoulement par la profondeur de la surface, il cherche à fuir par les côtés, ce sont les pertes marginales, elles ne dépendent que de la profondeur et sont d'autant plus petites que le contour de la surface est plus grand par rapport à son aire ; la perte sera donc plus grande pour un carré que pour un cercle équivalent.

Si la surface est double, c'est-à-dire si nous mettons deux surfaces l'une derrière l'autre, la profondeur du plan sera double et les pertes marginales seront augmentées, aussi on met ces surfaces l'une à côté de l'autre, de ce fait la profondeur du plan ayant diminué, mais sa surface étant restée la même, les pertes marginales seront diminuées ; nous voyons donc l'avan-

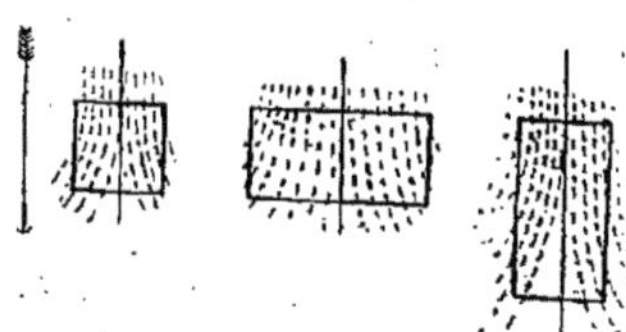

Fig. 49.

tage qu'il y a à faire avancer les plans dans le sens de leur plus grande largeur (*fig.* 49).

Dans la pratique, le rapport de l'envergure à la profondeur ne sera pas moindre que 5 à 1, mais pour des raisons de constructions on ne dépassera guère 10 à 1.

## Courbures

Pour augmenter encore la qualité sustentatrice des surfaces, on leur donne une courbure légère. Lilienthal a, le premier, indiqué l'avantage des surfaces courbes, il indique que la courbure doit être le $12^e$ de la corde avec le maximum de 1/5 en avant (*fig.* 50).

M. H. Maxim qui a beaucoup étudié la courbure à donner à ces surfaces,

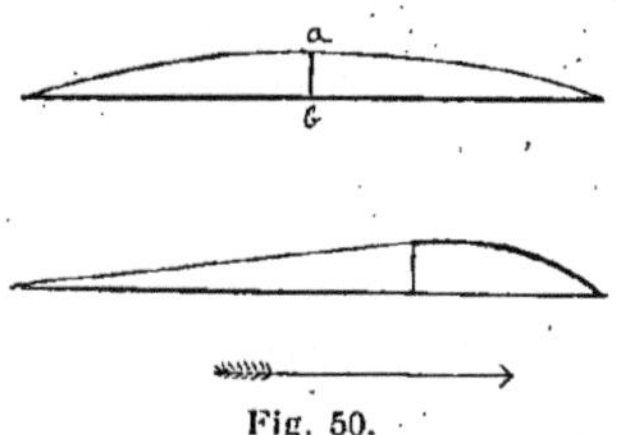

Fig. 50.

a fait des expériences sur des plans voisins de ceux des petits aéroplanes (20 × 90 cm.). Nous extrayons le tableau suivant des résultats de ses essais (1)

(Le rapport de la composante horizontale avec la composante verticale est dit : Rapport des Composantes). (2)

(1) H. Maxim. Le vol Naturel et le vol Artificiel, p. 169.
(2) Voir à ce sujet l'intéressant article des frères Voisin. Revue de l'Aviation. N° 10.

| Inclinaison | Poussée verticale | Traction |
|---|---|---|
| 0° | 0 kg 707 | 0.095 |
| 2°87 | 1 kg 640 | 0.095 |
| 3°58 | 1 kg 853 | 0.118 |
| 4°09 | 2 kg 038 | 0.149 |
| 4°78 | 2 kg 265 | 0.195 |
| 5°73 | 2 kg 605 | 0.272 |
| 7°18 | 3 kg 058 | 0.389 |

pour une vitesse égale à 64 km. à l'heure.

Les surfaces avaient le profil courbe de la *fig.* 51. En regard de ces

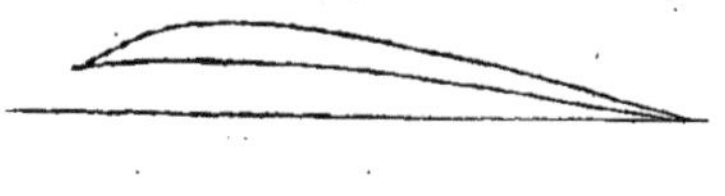

Fig. 51.

chiffres il est intéressant de noter que Philipp indique pour une surface plane (13 × 41 cm.).

| | | |
|---|---|---|
| 5°73 | 0,255 gr. 15 | 0.056,70 |

le plan se déplaçant aussi à 64 km. à l'heure.

On peut remarquer que dans les petits aéroplanes la vitesse ne dépasse pas 5 à 15 mètres à la seconde et que dans ces conditions l'intérêt des surfaces courbes diminue avec le carré de leur vitesse décroissante.

On a enfin cherché à faciliter l'écoulement de l'air en donnant aux plans des formes particulières ; comme il n'existe pas encore de certitude scientifique, chaque constructeur donne à ses plans une forme différente et originale ; les principales sont représentées par la *fig.* 52.

## § V. STABILITÉ

L'équilibre est la condition essentielle du vol ; cette question nous intéresse spécialement, car les procédés employés sont presque identiques à ceux des grands appareils ; ce qui permet de se livrer sur les modèles à de multiples essais et contrôles ; nous distinguerons *la stabilité statique* qui est celle de l'appareil au repos et *la stabilité dynamique* qui est celle de l'aéroplane dans l'espace, celle-ci peut être envisagée de plusieurs façons : stabilité latérale, longitudinale et de route qui assure le vol en ligne droite.

## STABILITÉ STATIQUE

Elle est à envisager si l'aéroplané est monté sur un châssis porteur, dans ce cas, il faut lui donner assez d'empattement pour que si l'aéroplane au repos touche d'un côté le sol il revienne de lui-même à sa position première.

## STABILITÉ DYNAMIQUE

Dans le modèle, aucune intelligence n'étant à bord pour contrôler la

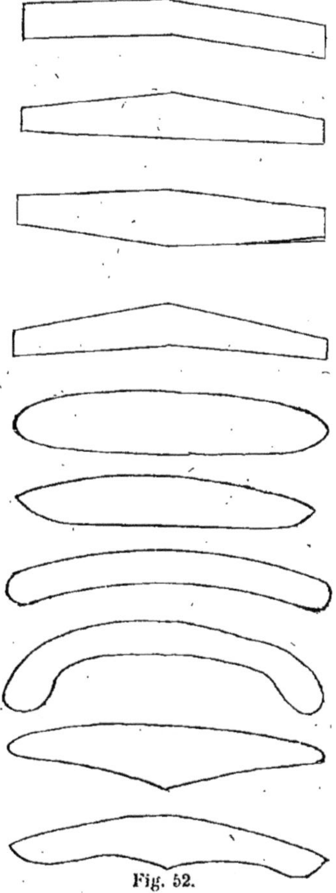

Fig. 52.

bonne marche ou pour parer à toute éventualité, il faut de toute nécessité que l'aéroplane jouisse d'une stabilité automatique ; celle-ci est, comme l'ont si bien démontré tous les essais actuels, obtenue facilement par une construction rationnelle de l'aéroplane. Tous les systèmes additionnels : gyroscopiques, pendulaires..... etc. se trouvent donc écartés.

## STABILITÉ LATÉRALE

Elle pare au mouvement de roulis, ce problème est absolument le même que pour les grands appareils, il faut donner de l'empattement et un léger angle dièdre ou V très ouvert aux deux ailes (*fig. 53*).

Si nous considérons le fonctionnement de ce V, nous voyons que la pro-

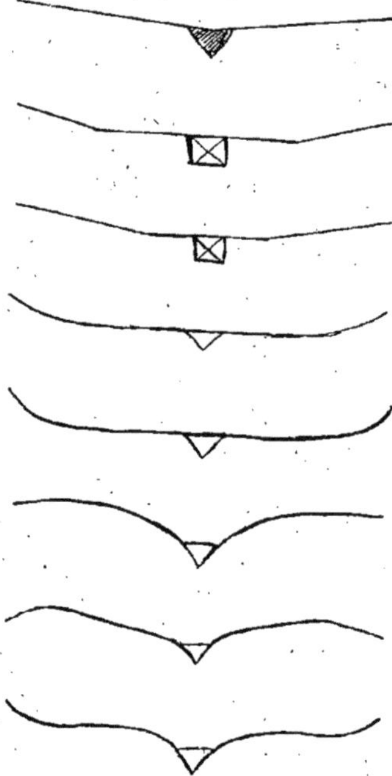

Fig. 53. — Différents dièdres.

jection des ailes sur le plan horizontal augmente du côté où l'aéroplane s'incline, il reçoit donc de ce côté une poussée plus forte qui tend à rétablir l'équilibre; ceci est excellent à l'air calme, mais sitôt qu'il y a un peu de vent, l'aile la plus basse offre plus de résistance car elle a plus de surface, l'aéroplane tend donc à tourner sous le vent et il faut gouverner pour le remettre le nez au vent, s'il n'est pas muni d'un autre moyen de stabilisation que nous allons étudier. C'est le V antéro-postérieur, l'empennage qui, s'il est suffisamment étendu, corrige la demi volte dans le vent, que l'aéroplane tend à faire exécuter.

Ce V est surtout employé pour les modèles monoplans, il leur permet d'avoir le centre de gravité en dessous de celui de sustentation, condition primordiale de la stabilité comme nous allons le voir ; on peut chez le biplan se dispenser de V, en général, car par la construction même les déplacements du centre de pression ont moins d'amplitude et le centre de gravité est plus facilement à sa place.

On peut munir très facilement les biplans et multiplans de surfaces verticales, celles-ci font le même effet que le V, on s'en rend bien compte en examinant les projections sur le plan vertical d'une aile inclinée, on voit qu'elle peut se décomposer en une aile droite et en une surface perpendiculaire, de là l'idée de certains auteurs qui donnent très peu de dièdre près du centre et relèvent légèrement le bout des ailes. Cette disposition ne nous a cependant pas donné de bons résultats.

## STABILITÉ LONGITUDINALE

On l'obtient en faisant coïncider le centre de sustentation avec celui de la gravité. Il est donc inutile de placer le centre de gravité très bas, ce n'est pas une condition de stabilité, on a plutôt intérêt à le rapprocher des ailes pour augmenter la sensibilité des gouvernails, (1) opération très aisée, car, comme nous l'avons vu précédemment, il est facile de trouver une position suffisamment précise de ces points que l'on corrigera plus tard au moment des essais de la mise au point. On pourra le faire de diverses façons :

En déplaçant un contrepoids ou les parties lourdes du modèle telles que le moteur à caoutchouc qu'on allonge ou qu'on raccourcit, que l'on porte en avant ou en arrière ;

En faisant varier la place du châssis ;

Mieux enfin, en faisant varier la position des surfaces par rapport au fuselage.

C'est l'étude de la stabilité longitudinale qui fera bien comprendre au lecteur la grande différence entre les modèles réduits d'aéroplanes à moteur à caoutchouc, qui représentent un modèle connu, et les petits aéroplanes faits pour voler longtemps et loin.

Montrons-le d'une façon plus frappante en examinant les modèles

---

(1) Ferber, conséquence XIX.

réduits des aéroplanes Wright et Blériot que nous voulons actionner par notre moteur habituel.

Considérons l'appareil représenté par la *figure* 54, son centre de gravité se trouve placé en G et son centre de pression en S, cela par la construction même de l'appareil en petit que nous n'avons pas eu à modifier pour le faire voler.

Si le Blériot possédait un moteur à caoutchouc de même longueur que le précédent et situé de façon à garder l'hélice à sa place, il ne pourrait jamais voler, son centre de sustentation S', étant alors en avant du centre de gravité. On devra donc, soit diminuer la longueur du cadre supportant le caoutchouc, de façon à alléger l'arrière, mais le modèle alors volera moins loin, le nombre de tours d'hélice ayant diminué ; soit avancer le moteur et placer

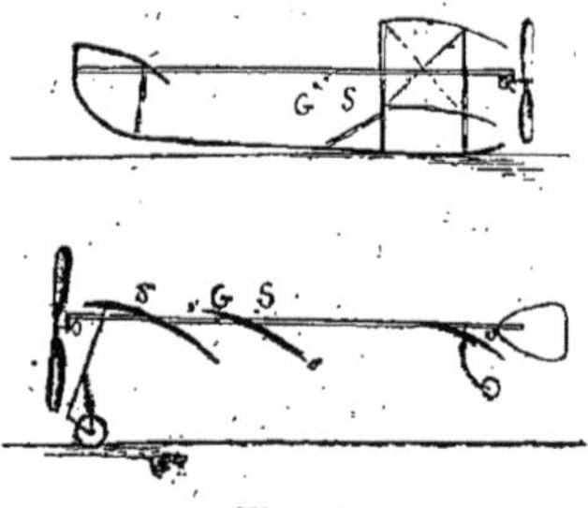

Fig. 54.

l'hélice très en avant des ailes ; soit augmenter considérablement la surface de la queue de façon à ce qu'elle porte plus, de manière à reporter le centre de sustentation à sa place vraie, en avant.

Dans ce cas, l'appareil à imiter est rendu méconnaissable. Tout ceci montre bien la marche à suivre dans la construction des différentes sortes de modèles réduits.

Un aéroplane peut être gêné dans sa marche, il faut qu'il ait tendance à reprendre sa vitesse de régime : c'est pourquoi le centre de gravité sera *toujours* en avant du centre de pression et même un peu au dessous.

Nous avons vu déjà les deux meilleurs angles V à donner aux aéroplanes. Rappelons que le premier compense légèrement la tendance de l'aéroplane qui tourne sous le vent ; le second est longitudinal, c'est-à-dire que la queue fera avec l'horizontal un angle d'attaque moindre que celui des plans, il atténue le tangage ; nous examinerons encore en détail ce V dans la stabilité de route,

Une dernière condition de la stabilité longitudinale est de placer le centre de résistance à l'avancement à la hauteur du centre de gravité, c'est ce qui existe quand l'aéroplane est symétrique.

M. G. Voisin trouve ce point approximativement en découpant sur du léger carton la silhouette exacte de l'aéroplane complet vu par l'avant, c'est-à-dire sa projection verticale antérieure et en cherchant le point d'équilibre de cette silhouette sur une pointe ; le point trouvé c'est le centre de résistance.

## STABILITÉ DE ROUTE

Il est de toute nécessité que l'aéroplane aille droit ; si l'aéroplane est rationnel, une quille suffira, elle sera le plus en arrière possible du centre de gravité pour qu'elle agisse d'une façon avantageuse. Elle sera égale à 10 fois la résistance nuisible que nous pouvons facilement calculer d'après l'angle de chute.

Ferber dit enfin, à propos de la stabilité, que l'aéroplane est analogue à un bateau dont la stabilité est obtenue par la réaction de l'eau dans les trois sens. (1)

## § VI. QUEUE, EMPENNAGE, GOUVERNAILS

Nous avons vu que la queue doit avoir moins d'angle d'attaque que le plan

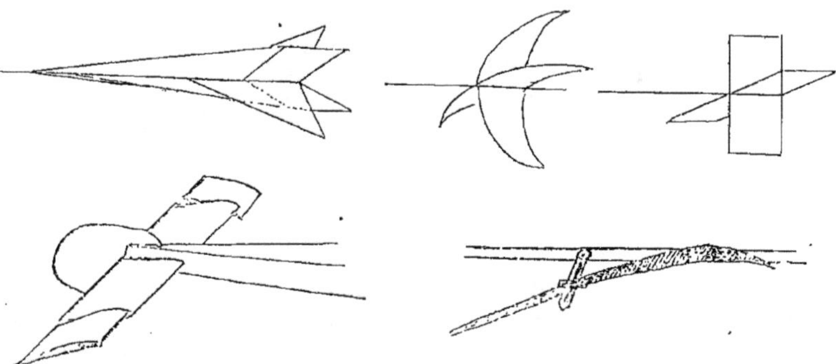

Fig. 55. — Quelques empennages.

porteur, quand cet angle est nul c'est alors un empennage. Il place auto-matiquement l'appareil dans le lit du vent, sa surface porte alternativement

(1) L'Aviation. F. Ferber, page 14.

des deux côtés ; il ne fait que frotter et ralentit la marche. On ne peut lui donner de la courbure.

Quand l'aéroplane tend à piquer du nez par exemple, il offre au vent horizontal la surface de son empennage qui réagit sur lui d'autant plus énergiquement que son angle d'attaque est plus fort et que le bras de levier formé par le fuselage est plus long.

La quille peut être considérée comme un empennage vertical, elle joue dans un sens perpendiculaire un rôle identique.

Il est très facile de donner à l'empennage un léger angle d'attaque (*fig.* 55), il contribue alors à la sustentation sans manquer à sa fonction.

Nous voulons citer la curieuse queue flexible d'un modèle anglais, bien qu'elle agisse en sens contraire du sens désiré, lorsque l'appareil perd sa vitesse ; elle lui donne une stabilité de route exceptionnelle en plein vol, car le centre de pression est ainsi très facilement reporté à sa place (*fig.* 56).

La queue aura environ 1/5 ou 1/6 de la surface portante et sera placée le

Fig. 56. — Monoplan à queue flexible.

plus en arrière possible, mais, si cela était exagéré l'oscillation de l'appareil dans les coups de vent serait trop lente et il n'aurait peut-être pas le temps de se redresser avant l'arrivée d'une autre vague d'air.

Les gouvernails verticaux et horizontaux seront toujours à leur position normale lors de la mise au point, c'est seulement après un vol stable qu'on essaiera leur efficacité pour faire décrire des cercles en montant à l'aéroplane ; si l'on a un excès de force motrice l'aéroplane montera de lui-même.

Nous voulons faire observer que l'action des gouvernails à l'arrière est nuisible, car ils retardent le mouvement, c'est là un des nombreux avantages du type à équilibreur à l'avant, surtout pour les petits modèles ; cette catégorie détient tous les records anglais qui, nous sommes forcés de l'avouer, sont supérieurs en tous points aux records français ; nos voisins ayant fait plus que rattraper notre avance.

D'après ce que nous avons vu, la règle des 3 V s'applique aussi bien quand

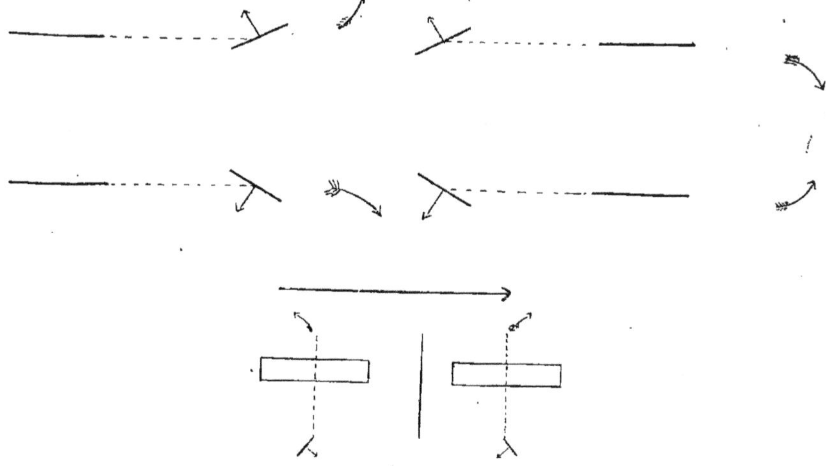

Fig. 57. — Action des gouvernails.

on place la queue en avant, les effets s'ajoutent, l'appareil monte facilement, mais la stabilité en air agité est bien moins bonne (*fig.* 57).

## § VII.  LE  PLANEUR

Un aéroplane stable sans moteur ou un aéroplane à moteur arrêté pour un motif quelconque, lancé d'une certaine hauteur parcourt une trajectoire descendante avec une vitesse uniforme dite vitesse de régime ; elle est déterminée par l'équation fondamentale de l'aéroplane.

$$P = KSV^2 \operatorname{Sin} \gamma \quad \text{d'où l'on tire}$$

$$V = \sqrt{\frac{P}{K S \sin \gamma}}$$

L'aéroplane ne peut en avoir d'autre. Si sa vitesse vient à diminuer, il fait une abatée pour la retrouver et s'établit sur une droite parallèle à la première située plus bas qu'elle. Si, au contraire, sa vitesse vient à augmenter, il se cabre pour la diminuer, et si son impulsion est suffisante il s'établit sur une droite parallèle à la première mais située plus bas qu'elle (1).

Nous voyons aussi par la formule précédente que l'angle d'attaque est constant et indépendant de la vitesse. Dans un aéroplane monté l'aviateur en est maître par la manœuvre du gouvernail de profondeur.

De ces deux conséquences on peut tirer une foule d'enseignements intéressants en particulier pour les appareils montés, on explique ainsi facilement les accidents des appareils qui, pris par en-dessus, se mettent en cheminée, ou pris par un vent d'en-dessous se cabrent et retombent en arrière, comme nous allons aussi le voir par l'étude suivante des trajectoires de planeurs ; cependant énonçons encore une conséquence des plus intéressantes du regretté capitaine Ferber qui nous donnera tous les secrets du vol plané :

« Quand un aéroplane est stable, il existe deux points critiques, l'un près du bord avant de l'aile et l'autre en avant de son centre de figure entre lesquels doit tomber la projection du centre de gravité sur le plan de l'aile. (2)

Quand ces deux points se confondent ou que cette projection tombe sur l'un de ces points, l'aéroplane subit un tangage périodique, quand l'aéroplane fait usage d'un moteur, le point critique à l'avant est seul à considérer. (3)

Dans la trajectoire n° 1 (*fig.* 58), l'aéroplane aussitôt après l'abattée se

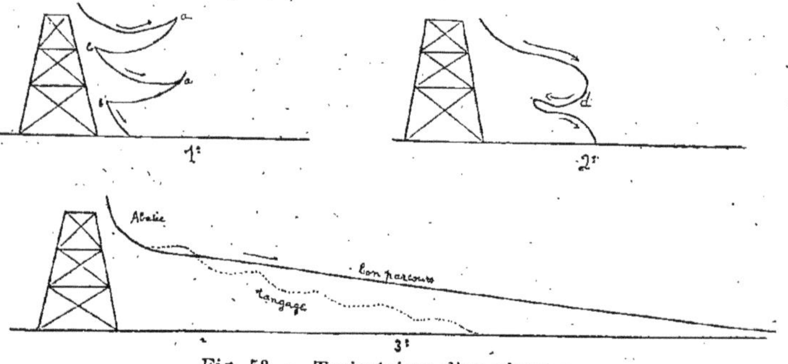


Fig. 58. — Trajectoires d'un planeur.

cabre, le centre de gravité ou sa projection est en arrière du centre de sustentation.

Lorsque l'aéroplane est bien étudié et bien conçu, il faut manœuvrer

---

(1) Ferber, conséquence XX.
(2) Ferber, conséquence V.
(3) Ferber, conséquence XVIII.

les gouvernails ou déplacer un léger poids, mais si on lance l'aéroplane du haut du pylone, comme indiqué dans notre dessin 1, il est en miettes avant d'avoir pu être corrigé, de là la nécessité de construire solidement et d'expérimenter continuellement suivant les doctrines du capitaine Ferber pour les planeurs montés.

Pas à pas ; saut à saut ; vol à vol.

Dans le second dessin 2 nous avons tracé un deuxième parcours très caractéristique. Le centre de gravité est trop en avant et ne coïncide pas avec le centre de résistance à l'avancement qui est trop en arrière, il faudrait donc plus d'incidence au gouvernail avant, s'il y en a un, ce que, du reste, nous ne conseillons jamais, sauf dans le type Wright où pour d'autres raisons il est utile.

Quand on a une queue à incidence variable, il faut lui donner une incidence négative, mais les gouvernails seront toujours distincts de la queue. Si l'on n'a pas corrigé suffisamment tous ces défauts, il se produit une trajectoire pointillée ou en escalier. C'est par tâtonnement qu'on donne aux appareils le centrage définitif ; la pente de la trajectoire est des plus utile, car elle permet de déduire trois choses intéressantes.

## CONSÉQUENCES TIRÉES DE L'EXAMEN DE LA TRAJECTOIRE DU PLANEUR

$1^o$ *Le meilleur angle d'attaque pour l'appareil est égal à la moitié de l'angle de la pente qui donne le plus long trajet.* (1)

$2^o$ *Le coefficient de la résistance de l'air pour le modèle* (2) $k = \dfrac{P}{SV^2 \, tg \, \gamma}$

$3^o$ *La pente varie dans le même sens que le rapport de la surface nuisible à la surface portante S* (3).

$$\text{On a } \frac{s}{S} = tg^2 \, \gamma \quad \text{d'où } s = S tg^2 \, \gamma$$

Malheureusement on ne calcule guère les petits modèles, malgré les intéressantes indications que l'on peut en tirer. Cela demande quelques connaissances d'algèbre et de trigonométrie, aussi nous bornerons-nous, étant donné le public auquel nous nous adressons, à quelques calculs très élémentaires que nous devons à M. J. Lepetit, de Rennes, qui a pu faire quelques observations intéressantes sur ses modèles.

(1) Ferber, conséquence III.
(2) Ferber, conséquence IV.
(3) Ferber, conséquence II.

## Description

L'appareil à moteur n° 6 (monoplan genre Antoinette, les ailes déportées en arrière sur le bambou principal) essayé en planeur, avait une surface de 1800 mq, un poids de 375 grammes, dont 50 de caoutchouc, hélice 28 cm. de diamètre, pas 33 cm.

## Essais

Lancé de 6 mètres de haut, l'appareil prend sa vitesse de régime et fait un parcours moyen de 24 mètres en ligne droite, soit 26 m. 60 en réalité, car il suit l'hypothénuse d'un triangle rectangle, c'est-à-dire 4 fois la hauteur de chute en 4 secondes, soit 6 mètres à la sec. (21 kil. 96 à l'heure) moyenne de 25 planements. Avec des surfaces courbes l'appareil ne fait plus que 3 fois 2/3 la hauteur de chute en 3 sec. 1/5, soit une vitesse de 7 m. en 5 secondes (28 kil. 200 à l'heure).

## Puissance absorbée en plein vol.
### Rapport de la puissance absorbée a l'angle de chute

Le moteur pour le vol produisant donc

$$\frac{0 \text{ gr.} 315 \times 6 \text{ m.}}{4 \text{ m.}} = 472 \text{ gm. sec.}$$

le n° 6 porte 1750 gr. par mq. à 22 à l'heure.

Supposons que l'appareil ne fasse que 2 fois l'angle de chute, la distance parcourue

$$AC = \sqrt{36 + 144} = 24 \text{ m.} 40 \text{ en 2 sec. 02.}$$

2 fois la hauteur de chute donnent une puissance absorbée

$$\frac{315 \times 6}{202} = 935 \text{ gr. sec.}$$

Si l'appareil fait 4 fois la hauteur de chute

$$A'C' = \sqrt{36 + 484} = 24 \text{ m.} 36 \text{ en 4 sec.}$$

Le travail absorbé est $\dfrac{315 \times 6}{4} = 472 \text{ gram. sec.}$

Si l'appareil fait 7 fois la hauteur de chute

$$A''C'' = \sqrt{36 + 17.64} = 42 \text{ m. en 6 sec. 95.}$$

Le travail absorbé est $\dfrac{315 \times 6}{6.95} = 270 \text{ gr. sec.}$

Si nous négligeons, pour plus de concision, de mettre les calculs de l'augmentation de trajet de 2 à 3, 4 à 5, 5 à 6, nous les avons calculés et pouvons poser ce petit tableau :

de 2 à 3 fois la hauteur de chute on gagne 950—630=355 grammes.
de 3 à 4                 —           630—470=155
de 4 à 5                 —           470—378= 94
de 5 à 6                 —           378—315= 63
de 6 à 7                 —           315—272= 43

On remarquera mieux encore ces forts gains de travail de traction si

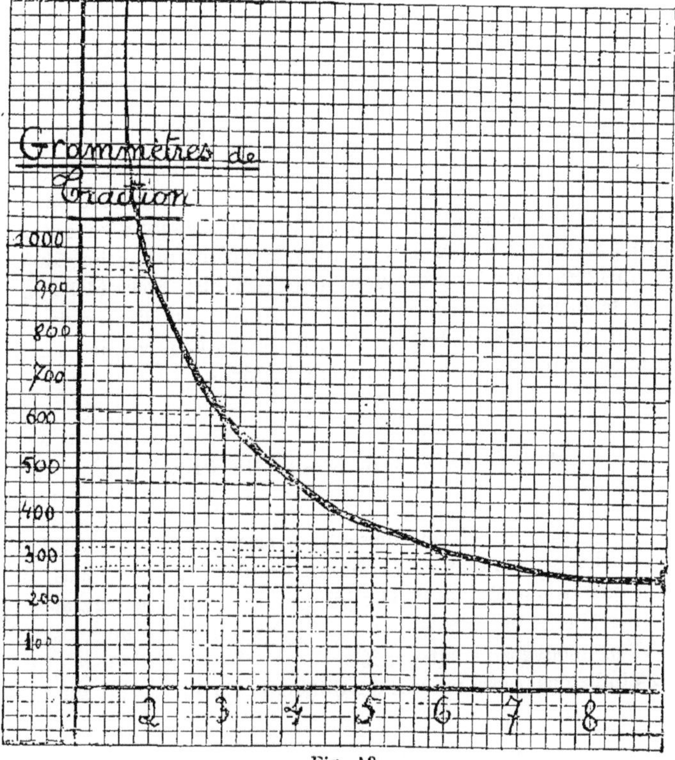


Fig. 59.

nous établissons le diagramme ci-contre (*fig.* 59) en portant en ordonnée les grammètres secondes, la poussée et en abscisses les hauteurs de chute.

Notons encore les expériences de l'appareil n° 10. Poids 125 gr., surface

138c y=3°, planement moyen 46 m. 30 en 8 sec. 4/5, vitesse 3 m. 28 à la sec.,
puissance absorbée $\dfrac{125 \times 6}{8.8}$ = 85 gram. sec.

Comme le dit M. José Weiss (1), la trajectoire des meilleurs oiseaux planeurs est très voisine de l'horizontale, car leur résistance à l'avancement est extraordinairement réduite, ils descendent donc très peu et les fluctuations du vent peuvent expliquer le vol à voile ; en général, ce rapport chez les modèles est de 1 à 8 au maximum, mais il peut aller plus loin avec un vent debout. On peut obtenir le rapport des planements des oiseaux avec leur reproduction en grandeur naturelle, en poids et surface, que l'on peut fabriquer en toile et en carton découpé comme l'a fait M. Charles Weyher, le savant ingénieur, connu pour ses travaux sur les tourbillons et qui a donné une intéressante explication des orbes ascendantes des planeurs en faisant intervenir la force centrifuge. (2)

Une conclusion s'impose alors :

« Sitôt que nous aurons des machines motrices plus encombrantes et offrant plus de résistance à l'air que le moteur à caoutchouc, nous les enfermerons dans des corps fuselés pour diminuer la résistance à l'avancement. Nous ferons les efforts les plus grands dans la construction pour réduire les surfaces nuisibles, pour les monoplans par exemple, nous tâcherons de mettre les tendeurs dans l'épaisseur des ailes et de leur donner des lignes fuyantes propres à l'écoulement de l'air, de même nous vernirons et polirons toutes les parties qui se présenteront à l'air. »


## § VIII. HÉLICES. L'AÉROPLANE PROPULSÉ


Différents moyens ont été préconisés pour assurer la propulsion de l'aéroplane ; l'hélice seule a donné les résultats les plus pratiques ; nous notons cependant que les modèles de M. Hargrave étaient mus par deux ailes battantes, qui n'étaient en somme que deux pales d'hélices animées simultanément d'un mouvement alternatif

Nous n'étudierons pas les œuvres des différents théoriciens (3) sur les hé-

(1) Voir l'historique et Marey « Le vol des oiseaux », page 295.
(2) Revue Générale des Sciences pures et appliquées, n° du 15 avril 1908, p. 259.
(3) Renard. Revue de l'Aéronautique. Ancienne série 1890.
1910 : Drzewiecki. Vivien, éd. Des hélices aériennes.
Capitaine Rabbeno. La Technique Aéronautique.
R. Soreau. Etat actuel et avenir de l'aviation. Vivien (Epuisé).
1911 : A Sée : Lois Expérimentales de l'aviation. Libr. Aéronautique.
Bulletin de l'Institut Aérodynamique de Koutchino. 2° Fasc. Vivien, édit.

lices ; nous ne ferons qu'expliquer au lecteur leur fonctionnement et les lignes principales de leur étude.

Une pale d'hélice peut être regardée comme un plan, animé d'un mouvement circulaire, se déplaçant tangentiellement et perpendiculairement à sa trajectoire. Considérons l'hélice A B (*fig.* 60), on appelle diamètre de l'hélice la distance A à B mesurée suivant une ligne droite A O B.

Dans une hélice le diamètre doit être toujours choisi le plus grand pos-

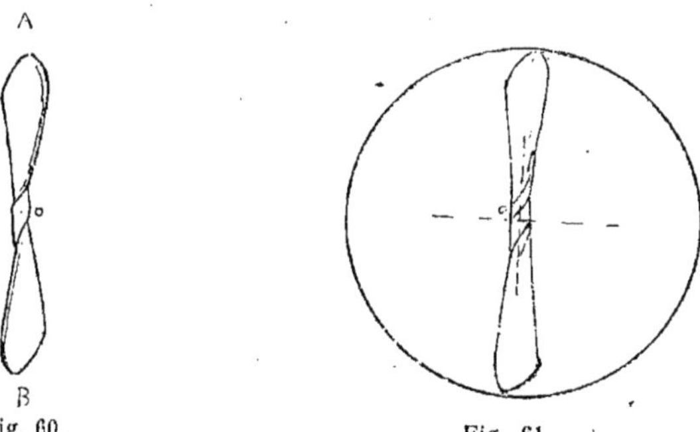

Fig. 60.

Fig. 61.

sible ; on prend généralement pour les appareils monoplans l'hélice égale au 1/4 de l'envergure et pour les appareils biplans égale au 1/5, mais aucune règle précise ne peut être appliquée ; nous avons vu quelques *petits aéroplanes* dont l'hélice avait un diamètre égal à l'envergure des plans porteurs

Comme dans un petit aéroplane le nombre de tours est limité, il y a avantage à avoir l'hélice la plus grande possible, car si une hélice tournant à une certaine vitesse donne une certaine poussée, si l'on peut doubler le diamètre, il entrera en jeu 4 fois plus d'air. La surface du cercle balayé (*fig.* 61)

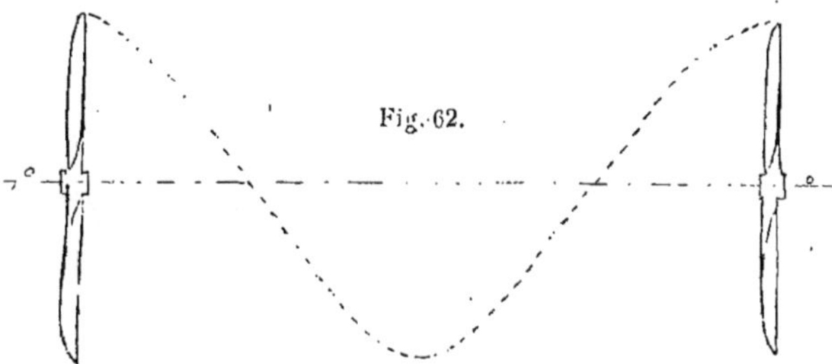

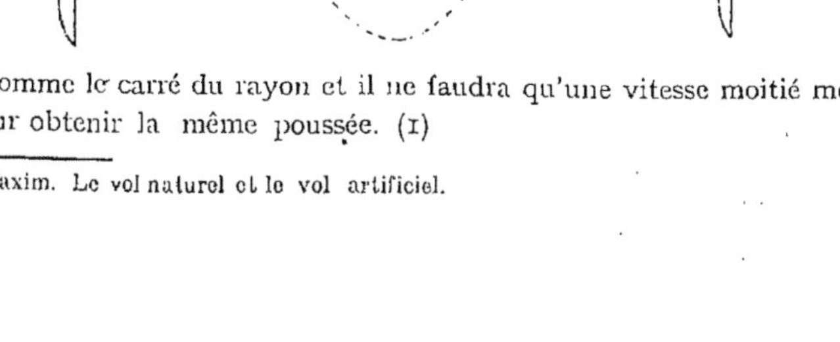

Fig. 62.

croît comme le carré du rayon et il ne faudra qu'une vitesse moitié moindre pour obtenir la même poussée. (1)

_______

(1) Maxim. Le vol naturel et le vol artificiel.

Le pas d'une hélice est égal à la distance parcourue par elle quand elle fait un tour complet (*fig.* 62) ; le pas de l'hélice dépend de l'angle d'attaque de ses pales, de là plusieurs sortes d'hélices : les hélices à pas constants, les hélices à pas variables.

### *Hélices à pas constant.*

Développons l'hélice géométrique (*fig.* 64) sur un plan horizontal.

A B est la circonférence et égale à $2 \pi R$. R étant le rayon du cercle de base du cylindre, B C est le pas égal à la hauteur du cylindre.

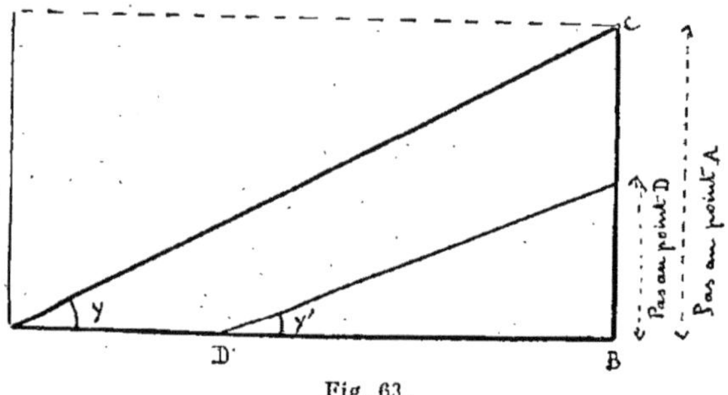

Fig. 63.

Comme l'indique son nom, l'hélice doit avoir en chaque point de ses pales le même pas, c'est-à-dire que B C doit rester le même ; cela ne peut être

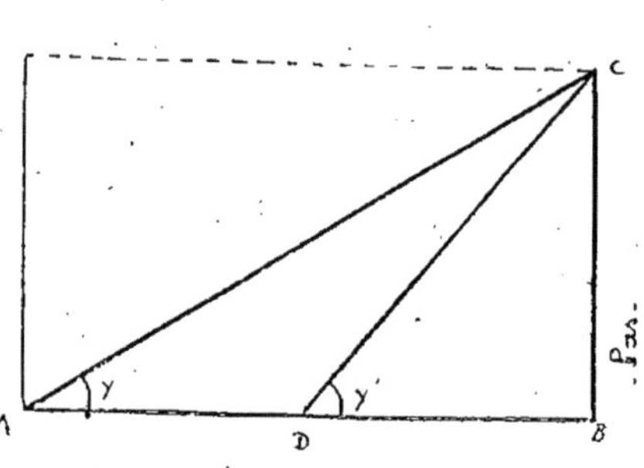

Fig. 64.

qu'en faisant varier l'angle d'attaque $\gamma$ des pales en chacune de leurs parties (*fig.* 63).

L'angle d'attaque des pales aux extrémités ne doit pas dépasser 45°

(c'est-à-dire le pas égal à 3 fois le diamètre), pour les petits aéroplanes le pas sera de 1 fois à 2 fois 1/2 le diamètre.

Dans cette hélice l'angle d'attaque des pales $\gamma$ est nul au moyeu.

Pour mesurer le pas de ces hélices, il n'est pas besoin de les faire tourner un tour complet dans de la graisse molle, puis de mesurer la distance parcourue comme nous l'avons vu faire ; on peut se servir de la formule de M. Ding, un spécialiste anglais pour les modèles d'aéroplanes : $P = \dfrac{3}{7} D \dfrac{x}{y}$ dans laquelle P est le pas, D le diamètre, x l'épaisseur de l'hélice, y la largeur des pales.

Cette formule donne un chiffre suffisamment précis pour les petits aéroplanes, ou bien en se référant à la figure 63 on a : B C=A B tg y.

Hélices à pas variable.

Une hélice à pas variable est une hélice dont le pas varie en chaque point de la pale ; soit que l'angle d'attaque reste constant en chaque point, soit qu'il varie lui aussi.

On dit qu'une hélice est à pas à droite ou à gauche suivant le côté où elle tourne.

*La fraction de pas* d'une hélice est égale au rapport de la surface des palettes projetées sur le cercle couvert par l'hélice à ce cercle même, on peut

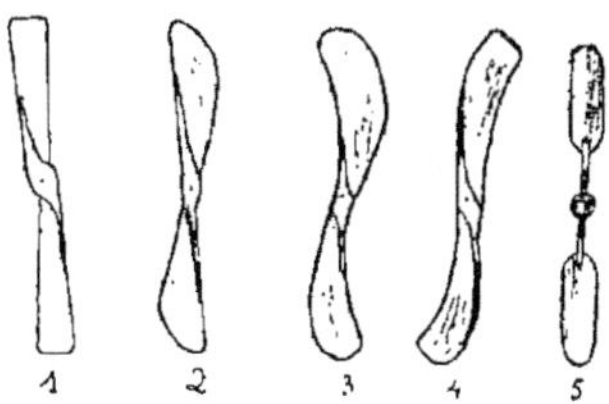


Fig. 65.

pour les hélices des petits aéroplanes confondre cette projection avec la largeur des pales des hélices.

La largeur des pales varie suivant les cas ; on prend du 1/5 au 1/10 du diamètre.

En général, on peut dire qu'une hélice tournant très vite aura ses pales étroites et un pas assez grand, et inversement qu'une hélice à pales larges et à pas moindre tournera lentement.

*Le recul d'une hélice* est la différence entre son avancement théorique et son avancement réel ; cette différence est due à l'épaisseur des pales et à leur construction, aussi doit-on donner aux hélices les formes de moindre résistance à l'avancement.

Chaque constructeur donne à ses hélices une forme différente ; comme aucune ne s'est montrée supérieure aux autres, nos lecteurs pourront imiter celles qu'ils voudront ; les formes les plus usuelles sont représentées par la *fig. 65*.

Une hélice pour être bonne doit aspirer l'air non seulement perpendiculairement à son sens de rotation mais aussi tangentiellement ; le lecteur

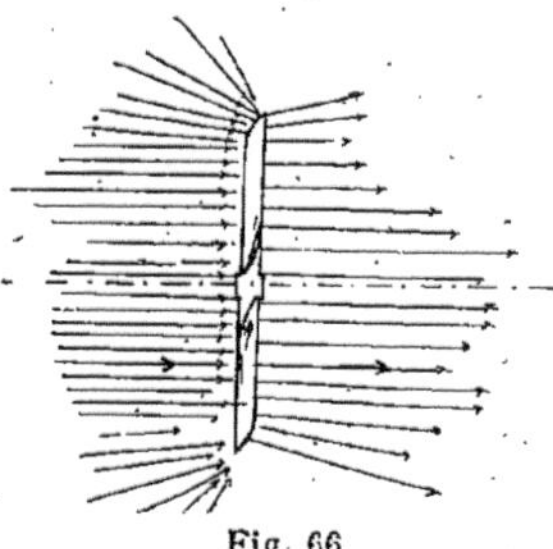

Fig. 66.

pourra se rendre compte de ce phénomène en faisant tourner l'hélice devant des fils de soie ou encore devant de la fumée (*fig. 66*).

### Place des hélices.

On a beaucoup discuté sur la place à donner à l'hélice et aux hélices, la question est loin d'être tranchée

Pour les petits aéroplanes les hélices peuvent se mettre soit en avant et

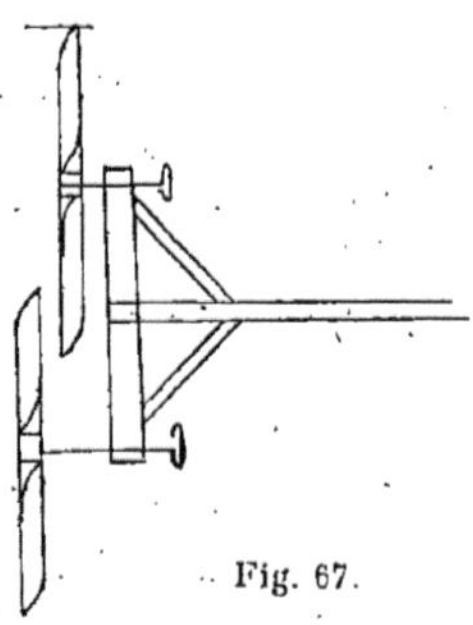

Fig. 67.

elles sont alors tractives, soit en arrière et elles sont propulsives, soit en avant et en arrière, l'une derrière l'autre, et encore chevauchant l'une sur l'autre (*fig. 67*).

Nous préférons avoir l'hélice ou les hélices à l'arrière de l'appareil car elles travaillent dans un air qui possède déjà un mouvement vers l'avant, imprimé par le passage de l'appareil : le recul de l'hélice est considérablement diminué. A l'atterrissage les hélices ont moins de chance de se briser ; l'appareil même bien construit piquant toujours plus ou moins du nez, les hélices ne reçoivent jamais le choc.

*Force de traction*

Il est très facile de calculer la force de poussée d'une hélice d'après la méthode du colonel Renard, qui fit sortir l'Aviation et en général l'Aéronautique de l'empirisme où elle subsistait. Nous devons cependant rendre justice à A. Pénaud qui avait établi précédemment une théorie de l'aéroplane propulsé, théorie primée par l'Académie des Sciences.

Nous allons nous mettre dans la condition de pratique des petits modèles et montrer le procédé.

Soit une hélice de 0 m. 30 de diamètre et de 0 m. 25 de pas, tournant à 1.000 tours à la minute, le cercle balayé par l'hélice est de

$$3,14 \times 0 \text{ mq.}15 = 0 \text{ mq.}70$$

La force de traction de cette hélice peut être considérée comme étant égale à la pression de l'air sur un disque de 0 m. 70 s'avançant à une vitesse de 3 m. 12 à la seconde, en supposant 25 % de recul, pression donnée par la formule :

$$P = k \ S \ V^2$$

en remplaçant les lettres par leur valeur on a :

$$F = 0,07 \times 0 \text{ mq. } 70 \times 3 \text{ m. } 12^2$$

d'où  $F = 476$ grammètres, 985.

Après de nombreux essais, le colonel Renard a trouvé que la qualité d'une hélice varie beaucoup avec le rapport du pas au diamètre, le meilleur rapport a été trouvé égal à 0,75 D et la meilleure hélice expérimentée avait une qualité de 1,14 c'est-à-dire qu'elle était 1, 4 de fois meilleure que le plan de même surface que le cercle balayé.

Pour appliquer cette formule d'une façon assez précise il faut connaître : le recul de l'hélice monté sur l'appareil qui vole, on mesure son parcours moyen en ayant soin de le faire voler près de terre pour que le planement soit négligeable quand le moteur est arrêté ; le pas et le nombre de tours dont on a remonté le moteur.

Dans la pratique, il est très intéressant d'étudier diverses hélices, de diamètre, de pas, de nombre de tours différents, sur un appareil qui vole, on obtient des rapports de force de traction intéressants.

Suivant M. Arnoux (1) la formule de la force de traction F d'une hélice à une vitesse V est :

$$F = Fo \left( 1 - \frac{v}{nh} \right)$$

Fo = Force de traction au point fixe.
n = Nombre de tours de l'hélice *à la seconde*.
h = Pas de l'hélice.

$\left( 1 - \frac{V}{nh} \right)$ peut être défini le *coefficient de recul* d'une hélice.

Nous disons d'une hélice dont le recul est de 25 % que *son rendement* est de 75 %, c'est donc, en d'autres termes, le rapport de l'avance théorique par tour à l'avance pratique.

Pénaud a donné comme condition minimum de traction (2)

$$F = 2\ P\ \sqrt{S}$$

Le capitaine Ferber donne

$$F = \frac{P}{m} \qquad (3)$$

m peut varier de 3 à 5, mais en prenant m = 3 on est sûr que l'aéroplane volera, ou encore

$$F = P \sin \gamma \quad (4)$$

### *Travail de traction*

On sait qu'il n'y a travail que quand il y a déplacement du point d'application de la force ou $\qquad T = F\ V$

On tire en remplaçant les quantités par leurs valeurs :

$$T = K\ S\ V^3\ \mathrm{Sin}^2\ \gamma$$

Mais l'aéroplane n'étant jamais le plan mince idéal, il faut tenir compte de la surface nuisible s ; la formule devient

$$T = K\ S\ V^3\ (\mathrm{Sin}^2\ \gamma + s).$$

C'est alors le travail utile.

Le travail utile est différent du travail moteur, leur rapport forme le rendement, au maximum compté sur un rendement pour 50 % ; mais il est intéressant de le vérifier ; en effet, si l'aéroplane à moteur de caoutchouc est rationnellement construit, il volera presque toujours. Il faut, quand on veut savoir les qualités exactes d'un aéroplane, faire comme Pénaud, V.

(1) R. de l'Aviation, n° 29.
(2) Pour un aéroplane théorique sans *résistance nuisible*.
(3) L'Aérophile, Ferber. 1 avril 1909.
(4) L'Aviation. Ferber, Voir encore page 195 note 1. Conséquence.
Un aéroplane sera d'autant meilleur qu'il est bon planeur, ce dont le capitaine tient compte dans la qualité d'un modèle. Voir le concours de 1905 dans la partie historique.

Tatin, L. Paulhan, expérimentateurs sérieux, malgré les exclamations suivantes que nous allons arracher à certains lecteurs :

« En aviation, il n'y a que la pratique. »

« On n'y connaît rien ! »

Nous leur conseillons beaucoup de faire des calculs pour voir ce qu'il faut perfectionner.

| (1)  Expérimentateurs : | Pénaud 1872 | Tatin-Richet | Paulhan 1907 |
|---|---|---|---|
| La sustentation<br>L'hélice<br>Translation et frottement de l'air | 6 grammèt.<br>19,7<br><br>7 | 1 kgm. 10<br>0,     65<br><br>0,     80 | 2 kgm.<br>1,10<br><br>1 |
| Total....... | 32 gram. 8 | 2 kgm. 55 | 4 kgm. sec. |

Nous voyons donc quelle quantité de travail absorbent toutes les résistances nuisibles, aussi nous efforcerons-nous toujours de les diminuer.

M. Tatin appelle $\dfrac{FV}{T}$ le coefficient d'utilisation du travail moteur ; il est intéressant de l'appliquer aux modèles et d'en tirer des combinaisons pour leur perfectionnement.

## § IX. COMMENT PASSER D'UN PETIT MODÈLE A UN AUTRE n FOIS PLUS GRAND

Bien souvent, quand un constructeur a fait voler son aéroplane en petit, il voudrait bien savoir si le même volerait en grand, soit pour en construire un autre, soit pour comparer ses chiffres avec ceux des aéroplanes existants.

Nous allons lui expliquer les lois de similitudes mécaniques telles que l'a fait le capitaine Ferber (2). Supposons que l'on veuille multiplier le modèle une fois.

Les angles se conservent.

Les longueurs varient proportionnellement au rapport de similitude, soit n.

Les surfaces varient proportionnellement au carré du rapport de similitude, soit $n^2$.

(1) Voir les caractéristiques des appareils dans la partie historique.
(2) L'Aérophile, nº 6. 1909. Voir aussi : Comment vole un aéroplane. W. H. Rolls, page 28 et Marchis : Cours d'Aéronautique à la Faculté des Sciences de Paris, IIᵉ partie, p. 239.

Les volumes varient proportionnellement au cube du rapport de similitude, soit $n^3$.

Le poids varie proportionnellement au cube du rapport de similitude, soit $n^3$.

La traction varie proportionnellement au cube du rapport de similitude, soit $n^3$.

Le travail varie proportionnellement au cube du rapport de similitude, soit $n^3$.

et la vitesse de régime ne sera que $\sqrt{n}$ fois plus grande !

Si l'on veut conserver la même proportionnalité dans le nombre de tours de l'hélice, il faudra les diviser par $\sqrt{n}$

Mais le capitaine Ferber a omis d'observer les règles de la résistance des matériaux de construction, l'augmentation du poids des pièces de construction nécessaire doit être comprise dans le poids total.

Aussi M. Guironnet (1) vient-il objecter :

« En réalité il ne peut pas, non seulement exister d'aéroplanes semblables, mais il serait dangereux de monter dans un semblable aéroplane.

En effet, en admettant qu'il soit possible pratiquement d'augmenter toutes les dimensions d'un aéroplane dans le rapport n, le poids croîtra dans le rapport $n^3$. Il en sera de même de la sustentation, de la résistance, de la traction, en général de tous les efforts.

Mais les pièces qui supportent ces efforts et qui constituent la partie importante de l'appareil n'auront leur section augmentée que dans le rapport $n^2$, l'effort par unité de surface, compression ou extension de

$$\omega = \frac{F}{O}$$

deviendra $\qquad \dfrac{n^3\,F}{n^2\,O} = n\,\omega$

Il augmentera donc dans le rapport linéaire n, ce qui est inadmissible au point de vue de la résistance des matériaux.

Dans un aéroplane convenablement établi, les pièces travaillant aussi près que possible de la limite de résistance, l'aéroplane semblable et plus grand ne satisfera donc plus aux conditions de résistance.

Pour faire un appareil du type existant en lui conservant les caractéristiques : disposition d'ensemble, courbes et allongement des voiles, on sera amené à en modifier notablement les proportions. »

M. Soreau a donné une étude, dans son livre : " Etat actuel et à venir de

---

(1) Encyclopédie de l'Aviation, n° 8, novembre 1909.

l'aviation " (1) de l'agrandissement géométrique d'un aéroplane eu égard à la résistance des matériaux.

M. W. H. Rolls (2) a donné des coefficients pour passer d'un petit à un grand modèle, il prenait comme type le Tatin-Richet, nous en donnons le résumé dans le tableau ci-dessous :

| Caractéristique | Petit modèle | Modèle agrandi 2 fois | Nouveau modèle |
|---|---|---|---|
| Envergure | 6.60 | $\times n$ | 13m.20 |
| P | 33kgs | $\times 2^3$ | 264kgs |
| S | 8mq. | $\times 2^2$ | 32mq. |
| V | 17,50 | $\times \sqrt{2}$ | 24mq.677 |
| CV | 1,66 | $\times 2^3 \sqrt{2}$ | 18CV,8 |
| n | 16 | $\dfrac{1}{\sqrt{n}}$ | 11 |

M. Levavasseur a bien voulu nous communiquer quelques chiffres résultant de ses essais sur les modèles réduits, ils sont très intéressants, car c'est par une étude théorique et pratique approfondie sur des modèles déjà construits et non en construisant des modèles à l'aveuglette que l'on réalisera des modèles qui battront des records, en employant au mieux un poids donné de caoutchouc soit à faire de la distance, de la vitesse, à transporter des poids ou à grimper en hauteur.

Nous regrettons de n'avoir pas eu le loisir de faire quelques calculs à ce sujet, mais nous nous réservons d'aborder à l'avenir cette étude capitale.

---

(1). C. F. page 116.
(2) Voir note de la page précédente.

§ X. Recherches du Capitaine Ferber et de M. Levavasseur sur des modèles de dimensions croissantes

| | Type 1 RÉDUIT | Type 2 RÉDUIT | Type 3 RÉDUIT | Type 4 RÉDUIT | Type 5 Réd$^t$ Paulhan | Premier Type Santos-Dumont (14 *bis*) | Premier Type Delagrange-Voisin (1907) |
|---|---|---|---|---|---|---|---|
| Poids (en grammes)............ | 170 | 29 | 90 | 800 | 2200 | 400 000 | 480 000 |
| Surfaces (en décimètres carrés).. | 6 | 9,12 | 31 | 137,48 | 100 | 56 00 | 60 00 |
| Puissance (en kgm. s)........ | 1,408 | 0,0872 | 0,22 | 1,100 | 4 | Mot. Ant. 3750 | Mot. Ant. 3750 |
| Poussée de l'hélice (en grammes) | 95 | 12 | 22 | 172 | | 146 000 | 150 000 |
| Vitesse de translation (en mètres par seconde)............. | 8 | 3 | 4 | 4 | 8 | 13 | 11 à 12 |
| Travail utile (en grammes mèt.). | 760 | 36 | 88 | 700 | | 19 00 | 18 do |
| Pds soulevé { utile (en kilogr.). | 17 | 60,5 | 76 | 88 | | 15,5 | 21 |
| Par cheval { nominatif — .. | 9,2 | 25 | 30,5 | 56 | | 8 | 10 |
| Rendement.................. | $\frac{760}{1408}$ | $\frac{36}{87}$ | $\frac{88}{220}$ | $\frac{700}{1100}$ | | $\frac{1900}{3750}$ | $\frac{1800}{3750}$ |
| Coefficient $K = \dfrac{P}{SV^2}$ ...... | 0,0446 | 0,0355 | 0,019 | 0,0362 | 0,034 | 0,042 | c,056 |
| Poids de caoutchouc (en gram.).. | 14,5 | 2,6 | 15 | 95 | 250 | | |
| Longueur de caoutchouc (en c.). | 38 | 18 | 42 | 74 | 100 | | |
| Section du caoutchouc (en mm²) | 38 | 11,2 | 36 | 128 | | | |
| Couple (en grammes mètres).... | 3,85 | c,56 | 3,60 | 22,5 | | | |
| Vitesse angulaire (en tours : sec.) | 60 | 20 | 10 | 8 | 30 | | |
| Hélice remontée à..... tours...... | 90 | 80 | 100 | 120 | | | |
| P/S Rapports de pds à surface.... | 2,850 | 0,320 | 0,30 | 0,58 | 2,2 | 7,1 | 8 |

## § XI. LES MOTEURS FUTURS

Bien que le moteur à caoutchouc soit presque exclusivement employé dans les modèles, il se produit actuellement un mouvement prononcé pour la recherche de forces motrices d'un rendement plus constant. Avant même que le moteur à caoutchouc n'ait donné tout ce qu'on est en droit d'en attendre, et malgré les distances de plus en plus grandes des appareils dont il constituera la majeure partie du poids, on fera voler des appareils munis d'autres moteurs. Depuis longtemps déjà, l'idée d'un autre moteur préoccupait quelques habiles mécaniciens tels que M. Mercier qui présenta au concours de l'A. C. D. F., en 1908, un petit moteur à explosion à deux temps. Depuis, l'attention des inventeurs a été attirée vers la vapeur et vers l'acide carbonique liquide.

### *Les moteurs à explosions.*

La reproduction en petit des moteurs à explosions actuels a d'abord été le point de départ des inventeurs, mais, comme il a été donné de le voir au concours Lépine, en 1910, ces petits moteurs sont extrêmement délicats et montrent quelle patience et quelle ingéniosité il faut avoir pour arriver à les faire marcher régulièrement.

Le moteur Thiers était un de ceux-là ; construit en acier au nickel, il donnait 1/2 C. V. et pesait 450 grammes y compris l'essence, le carburateur (gros comme un dé à coudre) et la bougie (2 têtes d'épingle), mais sans la bobine et les accumulateurs ; (1) — nous n'en avons pas entendu parler depuis, et pensons qu'on ne pourrait pas s'en servir dans nos petits aéroplanes.

Néanmoins, il existe des moteurs à explosions assez petits, et d'un fonctionnement moins délicat, des modèles ont déjà volé avec ces moteurs, mais ils étaient de grande dimension et on peut considérer ces appareils comme se rapprochant des modèles d'étude des Tatin et Langley.

M. D. Stranger (2) construisit un appareil en 1907 (*fig.* 68) du poids de 9 kig. 500 environ , son moteur, construit par lui-même, était un 4 cylindres, pesant en ordre de marche 2 kg. 500, développant 1 1/4 CV à 1300 tours par minute ; l'hélice de 91 cm. de diamètre, à pas constant, donnait une poussée d'environ 3 kg 500. L'appareil quittait le sol lorsque la vitesse atteignait 25 kilomètres à l'heure.

Cet appareil, très intéressant, est le seul à notre connaissance qui ait volé avec moteur à explosion.

---

(1) D'après le compte-rendu de M. de Villers dans l' « Aéro ».
(2) « Flight », 28 mai 1910.

*Moteurs à vapeur, à acide carbonique et air comprimé.*

Nous avons vu les performances des appareils munis de moteurs à vapeur.. L'acide carbonique liquide, qui a fait déjà voler l'aéroplane Vuia en 1906, se présente comme la plus légère des sources de fluides moteurs.

Fig. 68. — L'aéroplane Stranger en plein vol.

Nous avons vu, dans la partie historique de ce volume, que ces moteurs sont maintenant construits et en vente dans le commerce. Au 10e Concours Lépine, un jeune inventeur, M. Marcel Martin, obtenait une récompense pour ses petits moteurs, à air comprimé, rotatifs ; très ingénieux, ceux qu'il présentait étaient construits pour ressembler à ceux des grands appareils.

Depuis, il a construit un autre moteur : un cinq cylindres en étoile, non rotatif, dont il a étudié l'alimentation soit par une chaufferie très légère, soit par l'acide carbonique liquide. Ce moteur, d'une force de 8/10 de C. V. environ, pèserait en ordre de marche 800 grammes environ. Le dernier moteur " Prima " pèse 250 grammes pour une force de 6 kilogr., il est formé de 3 cylindres calés à 120° fixes ou rotatifs, la distribution est très ingénieuse, alésage × course = 16 × 18. Prix : 45 francs.

Le moteur ,, Cétonia '' de M. P. du Motel, présenté sous son ancien nom d'Audax, au salon de l'Aéronautique de 1910, fut médaillé au concours Lépine de 1911. Son moteur est à 8 cylindres, fixe ; la distribution, analogue à celle d'une machine à tiroirs, est obtenue par un excentrique. Le générateur est un tube d'acide carbonique réchauffé et se détendant régulièrement grâce à un dispositif à pointeau, le tout forme un moteur bien étudié donnant 1 C. V. pour un poids de 1 kg., mais son prix, de 210 francs, semble le mettre un peu au-dessus des bourses modestes. M. P. du Motel fit voler un premier appareil muni de son moteur, à la coupe Gordon-Bénett des

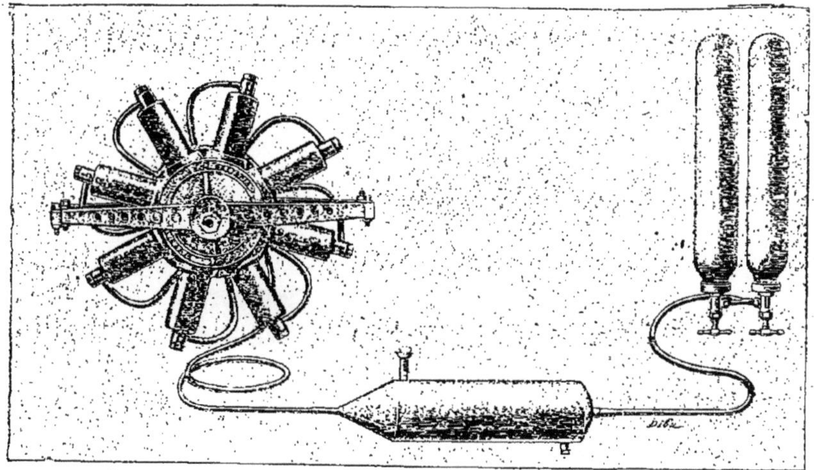

Fig. 69. — Ensemble du Moteur Thermo-détendeur et Générateur '' Cétonia ''.

Petits Aéroplanes de ,, L'Auto ''. Puis, à Issy-les-Moulineaux, le 23 mai 1911, il faisait parcourir en 92 secondes une distance de 1.178 mètres à un biplan de 17 kgr. 500, cet appareil de 2 m. 50 d'envergure et de 3 m. de long emportait 1 kg 1/2 de $CO_2$ liquide.

Cette magnifique réédition des expériences de Langley et de Tatin donnera, nous l'espérons, une nouvelle activité aux essais d'aéroplanes réduits. Un autre petit monoplan, construit sur les données de notre ami H. de Villers, atteignit une vitesse de 80 km. à l'heure, il pesait 14 kgs, avait une surface de 1 mq 10 (Y 6°) avec 2 m. 50 d'envergure, 2 m. 75 de long, une hélice de 0 m. 65 de diamètre et de 0 m. 90 de pas tournant à 1.400 tours.

Nous tenions à citer ces très intéressantes expériences qui font honneur à leurs auteurs.

L'avenir dira quel est le plus puissant générateur pour le plus faible poids. A priori, nous pouvons dire que l'acide carbonique liquide est quelquefois difficile à se procurer, mais nous ne voudrions pas négliger le côté essentiellement pratique de ce petit volume et nous pouvons dire à ce sujet que les réservoirs d'acide carbonique liquide existent dans le commerce et pourraient peut-être être employés avantageusement, nous voulons parler des capsules de métal contenant l'acide carbonique nécessaire à la fabrication des eaux gazeuses, de la marque " Sparklet " par exemple.

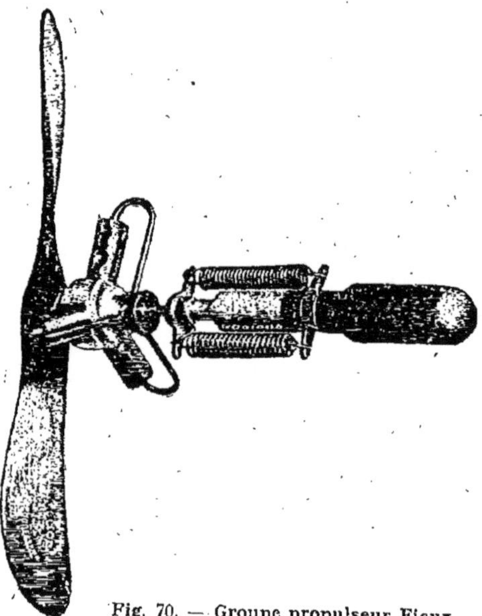

Fig. 70. — Groupe propulseur Fieux.

M. Fieux a construit un petit moteur à deux cylindres, rotatif, utilisant l'acide carbonique liquide, provenant d'une cartouche de Sparklet, il pèse 48 grammes pour une force moyenne de 8 kgm. sec. et pendant 1 m. 30 secondes au maximum. Ce moteur, simple et petit, est composé en tout de 8 pièces, il est robuste et, étant bon marché, il semble avoir de l'avenir.

L'alimentation par l'eau a contre elle le poids assez grand du réservoir *rempli*, mais ne pourrait-on pas employer de l'eau très chaude et des carbures très volatiles et produire l'ébullition par un simple morceau de combustible arrosé de pétrole ? Il y a certainement de l'avenir pour les deux solutions. Celle des moteurs à explosion étant écartée pour les très faibles puissances à cause du poids de la culasse du moteur.

Avant de terminer ce court exposé, notons que lorsque la rotation du moteur ne sera pas *absolument nécessaire* à son refroidissement, il sera avantageux de la supprimer en ajoutant une autre distribution, car à de grandes vitesses la résistance nuisible devient extrêmement retardatrice.

Pour conclure, nous dirons que le moment où ces moteurs deviendront avantageux sera donné quand, pour un poids donné de caoutchouc, le nombre de kgrms. déployés sera plus grand qu'avec les systèmes précédemment examinés, mais conjointement se posera la question de durée ; la force du caoutchouc est toùt à fait exceptionnelle si l'on utilise la détente brusque, mais lorsque, par des moyens que nous allons bientôt examiner, on aura atteint une minute, ce qui ne saurait tarder, le moteur, pour une force de traction donnée, durera plus longtemps, c'est à ce moment qu'il aura l'avantage, sous réserve, enfin, de la question de prix.

CHAPITRE III

# CONSTRUCTION ET EXPÉRIENCES

## § I<sup>er</sup>. CONSTRUCTION DES SURFACES

> « Concevoir un modèle réduit n'est rien ;
> « Le bien construire est énorme,
> « L'essayer est délicat et important »

On désigne sous le nom de surfaces les plans sustentateurs et directeurs d'un appareil volant ; les surfaces prennent, suivant le cas, le nom d'ailes, par analogie avec celles des oiseaux planeurs, de gouvernails horizontaux et de gouvernails verticaux.

Une surface, pour être bonne, doit posséder plusieurs qualités : elle doit être symétrique, rigide, légère, solide et imperméable à l'air.

. La surface doit être symétrique, c'est-à-dire que ses deux parties, l'aile droite et l'aile gauche, doivent être de même formé, être égales en toutes dimensions, de plus elles devront avoir le même poids ; ces qualités sont communes à toutes les surfaces d'aéroplane.

Nos lecteurs se reporteront à la partie théorique de ce volume pour savoir les formes et dimensions à leur donner, ainsi que la règle générale du centre de gravité, pour la place qu'elles doivent occuper dans l'appareil une fois construit.

L'expérience a montré qu'il n'y avait pas grand intérêt, dans les *petits aéroplanes légers*, à avoir des surfaces courbes, néanmoins, nous indiquons un moyen simple pour les construire.

Les matériaux employés pour la construction des surfaces planes ou courbes varient beaucoup, nous citerons : le bois, le fil de fer, les tubes d'aluminium ou de magnalium, le bambou, l'acier tiré en U, la baleine de parapluies.

Le bois est certainement ce qui est le plus employé par les constructeurs de modèles réduits, aussi nous y étendrons-nous un peu plus longuement.

Le bois est suffisamment rigide et léger, légèrement flexible et se laisse courber si besoin est, de plus, il se travaille plus facilement qu'aucune autre matière et son prix le rend accessible à tous.

Pour les bois à façonner, nous conseillons l'emploi du sapin, du peuplier blanc, du frêne, de l'érable et du cédrat (1) ; ce dernier réunit toutes les qualités désirables. On peut encore augmenter la solidité de certains bois en les recouvrant d'une couche de colle forte qui pénètre dans l'intérieur et colle les fibres l'une à l'autre.

### *Surfaces planes en bois.*

Pour les surfaces ne dépassant pas 30 à 35 cm. d'envergure, servant généralement de gouvernails, on emploiera de petites feuilles de bois de peuplier de $1^{mm}5$ à $2^{mm}$ d'épaisseur.

On peut courber ces surfaces en projetant sur une de leurs faces un jet de vapeur ; la surface une fois séchée garde la forme qu'on lui a donnée.

Les surfaces dépassant ces dimensions seront trop lourdes et trop flexibles, aussi on construit les charpentes de diverses façons.

### *Carcasses en bois.*

Ce procédé est surtout recommandé pour les débutants, et pour les personnes désirant construire vite c'est la méthode idéale.

On se sert de baguettes de bois rondes ou carrées, de $1^{mm}$ à $3^{mm}$ de diamètre, que l'on réunira ensemble par l'un des procédés suivants.

### PROCÉDÉS D'ASSEMBLAGE

#### 1° *Par Douilles.*

On trouve à acheter des douilles de toutes formes et de toutes dimensions mais leur prix est assez élevé, aussi nous indiquons une manière de les faire

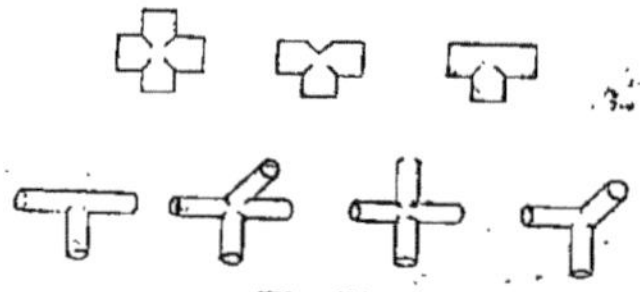

Fig. 71.

quoique un peu moins solides, ces douilles sont largement suffisantes pour la construction de *petits aéroplanes*.

Dans une feuille de fer blanc souple et mince, on découpera les formes

(1) Il est facile de se procurer du cédrat et de le faire découper en baguettes de 2mmq. chez constructeurs de canots de courses.

classiques en V T + (voir *fig. 71*), puis à l'aide d'une planche en bois, dans laquelle vous aurez creusé une rainure, d'un marteau, d'une tige de fer ronde vous donnerez à ces formes leur apparence définitive.

Lorsqu'on aura réuni avec ces douilles les baguettes de bois, on obtiendra des carcasses d'appareils monoplan ou biplan, mais pour leur donner la

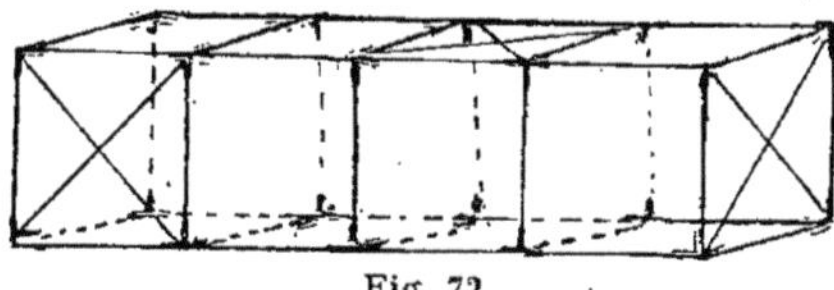

Fig. 72.

rigidité indispensable, il est nécessaire de quadranguler la charpente, c'est-à-dire de réunir chaque angle à l'angle opposé par un fil ; nous conseillons l'emploi de fil de fer fin galvanisé ; l'ensemble, une fois terminé, est très rigide et léger (*fig. 72*).

### 2° *Par ligature.*

On se servira de petites planchettes de bois de sapin de $2 \times 6 \frac{m}{m}$ ou de $2 \frac{m}{m} 5 \times 10 \frac{m}{m}$ de largeur, ces planchettes doivent être coupées dans le fil du bois, elles doivent être sans nœud ni défaut.

On superposera ces baguettes, c'est-à-dire les nervures des ailes, sur les

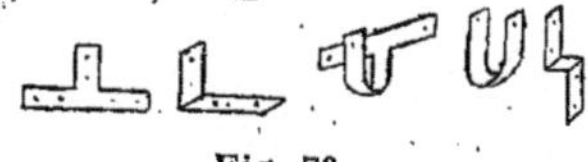

Fig. 73.

longrines en les collant et ligaturant avec de la ficelle poissée ; mais nous n'obtiendrons pas ainsi des surfaces bien planes, aussi au lieu de superposer les bois, on les réunit à l'aide de formes en aluminium (*fig. 73*), découpées dans de la tôle d'aluminium d'$1/2^{mm}$ d'épaisseur, les jointures obtenues auront l'aspect de la *fig. 74*.

Pour superposer les surfaces, le procédé le plus simple est de se servir de douilles aux angles, mais si nous avons employé des baguettes de bois, nous

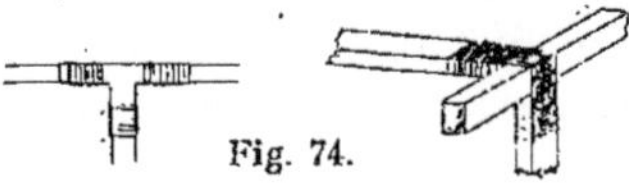

Fig. 74.

recommandons les méthodes suivantes : découpez dans la baguette plate une encoche profonde de la moitié de sa largeur et égale à l'épaisseur du montant vertical que vous y insérerez (*fig. 75*).

On peut aussi percer dans la baguette de bois, servant de longrine, des trous oblongs et tailler les extrémités des montants de façon à les faire pé-

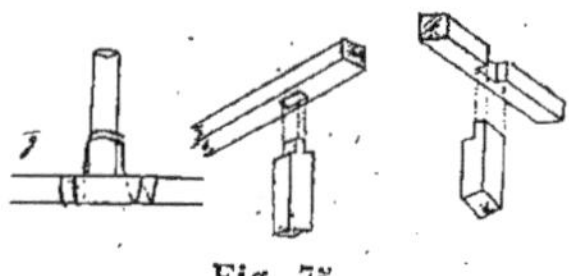

Fig. 75.

nétrer en partie dans ces trous ; on aura soin d'en traverser l'extrémité par une petite cheville en bois afin de le fixer solidement.

Si la baguette de bois est ronde, on se servira de fil de fer (une épingle à cheveux suffit) que l'on enroulera une ou deux fois autour de la baguette à quelques centimètres de son extrémité, puis que l'on recourbe le long du montant et de la longrine. On ficellera avec la corde poissée (*fig. 75 bis*).

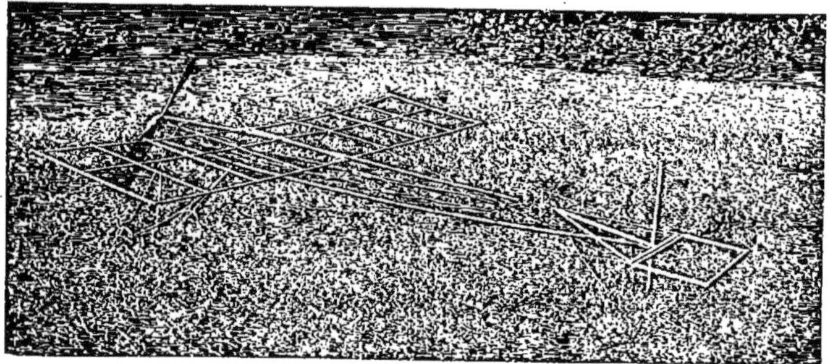

Fig. 75 *bis*. — Carcasse de monoplan assemblée par ligatures.

### Construction en bambou.

On construit les surfaces des grands appareils planeurs à l'aide de bambou fendu et ligaturé. Pour obtenir des baguettes plates et flexibles il faut employer un bambou d'au moins 2 cms. de diamètre, le diviser en plusieurs parties en le coupant dans le sens du rayon et en commençant par l'extrémité la plus petite ; — puis il faut égaliser, en enlevant l'intérieur du bambou, et ne garder qu'une latte mince et régulière.

### Tubes d'aluminium et de magnalium.

On construit des petits aéroplanes en tubes d'aluminium, mais ils sont coûteux ; l'aluminium étant très difficile à souder, nous conseillons de réunir les extrémités des tubes au moyen de douilles et de manchons dont le diamètre intérieur sera égal au diamètre extérieur des tubes employés.

On ne se sert le plus souvent de l'aluminium que pour certaines parties des petits aéroplanes, principalement pour le fuselage qui se réduit le plus souvent à une simple tige supportant le caoutchouc, les plans sustentateurs et directeurs.

### *Construction d'une surface courbe.*

Prendre 2 baguettes de bois servant de longrines, puis du fil de fer galvanisé de $1^{mm}5$ de diamètre que vous emploierez pour les nervures.

Recourbez ce fil de fer parallèlement aux longrines sur une longueur de 2 cm. environ et attachez solidement à l'aide de corde poissée, faites de même pour les autres nervures en ayant soin de recourber les extrémités de façon à ce qu'elles se regardent l'une l'autre (*fig. 76*).

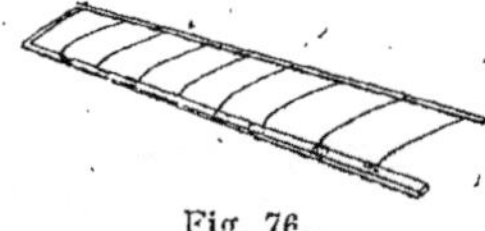

Fig. 76.

Donnez ensuite au fil de fer la courbure désirée, cette dernière augmentant du bord d'entrée au 1/3 de la largeur du plan et allant en diminuant jusqu'au bord de sortie.

### COUVERTURE DES SURFACES

Les plans de l'appareil une fois construit, il faut les recouvrir d'une matière imperméable à l'air, légère afin de ne pas surcharger le poids des ailes et lisse pour ne pas opposer trop de résistance.

Nous avons essayé un grand nombre de couvertures dont le papier de soie huilé, le papier couché des 2 côtés, papier japonais, papier calque, toile d'architecte, percale cylindrée et brillante, soie japonaise ordinaire, coton caoutchouté, baudruche, cette dernière donne une couverture suffisamment légère et imperméable à l'air et très lisse, mais la difficulté de l'obtenir en grandes feuilles nous a fait renoncer à son emploi pour les grandes surfaces. Le coton caoutchouté est trop lourd pour les petits aéroplanes, la soie japonaise ordinaire est trop souple et difficile à manier, aussi nous n'employons plus que de la soie japonaise imperméabilisée ; elle est résistante, se conserve longtemps, se découpe et se coud facilement et son poids ne dépasse pas 35 grammes au mètre carré.

La couverture doit être bien tendue et, selon le cas, elle sera cousue ou collée.

Dans les appareils à carcasse en bois, on collera avec de la sécotine ou toute autre colle séchant vite en ayant soin de recouvrir les montants de tissus.

Lorsque l'appareil est construit en fil de fer ou en tube d'aluminium, l'étoffe sera cousue ; on a ainsi l'avantage de pouvoir redresser les montants, si, par suite de chocs, l'appareil se déforme, et cela sans défaire l'étoffe qui restera bien tendue.

Dans les petits appareils de 30 à 40 cm. d'envergure, on pourra employer le papier verni ou recouvert de ripolin qui n'est pas sensible à l'humidité et qui est léger et peu déchirable.

### Procédés particuliers.

Quelquefois, au lieu de construire les surfaces pour les recouvrir ensuite, on découpe et coud l'étoffe en ayant soin de faire des ourlets larges pour passer, à l'intérieur, les longrines et les nervures (*fig.* 77).

Fig. 77.

On peut aussi ne se servir que d'une longrine, l'étoffe étant tendue au moyen d'une suite de pattes d'oie dont les extrémités se rattachent à une autre partie du fuselage ou de l'appareil ; ce procédé a été employé dans un monoplan Chauvière (*fig.* 78).

Il est souvent agréable de construire les modèles réduits comme le sont les véritables appareils ; la meilleure méthode consiste à se servir de 2 baguettes de bois sur lesquelles on fixe, par une légère pointe, une suite de nervures de bois ; le bord des ailes est formé de rotin ou de fil d'acier reliant les extrémités des nervures (*fig.* 79).

## § II.  FUSELAGE

Dans un aéroplane, le fuselage a pour but de réunir les plans porteurs à la queue stabilisatrice, de porter le moteur, le pilote et le châssis d'atter-

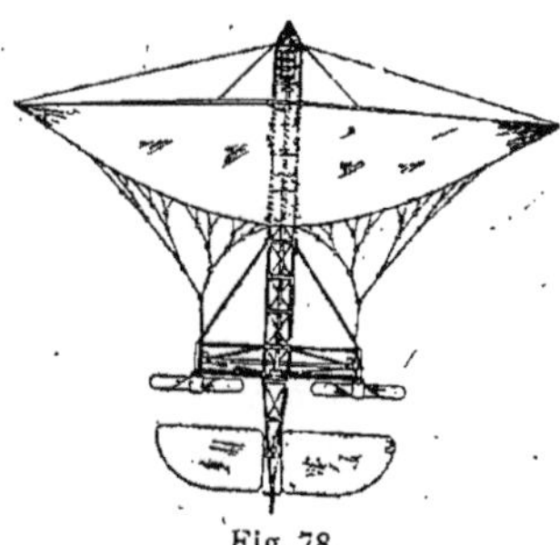

Fig. 78.

rissage, mais il n'est pas nécessaire dans les petits aéroplanes ; en général, on ne l'emploie que pour les appareils monoplans de grande envergure.

Le fuselage quadrangulaire est plus solide et résiste à la torsion que lui imprime le caoutchouc plus que le fuselage triangulaire.

Le procédé pratique de construction que nous indiquons peut être employé aussi bien pour l'un que pour l'autre.

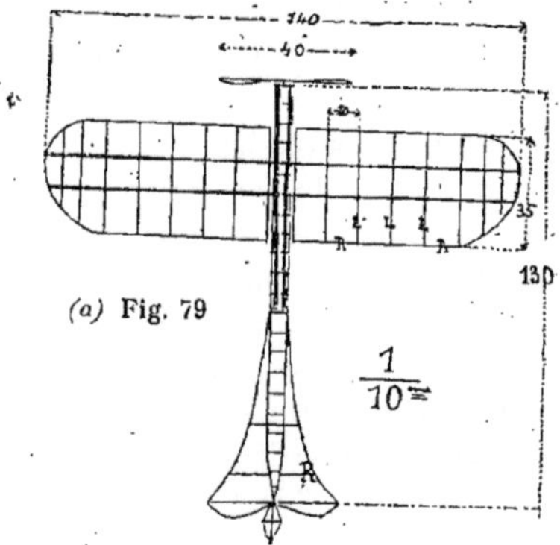

(a) Fig. 79

Découpez de petits carrés dans une planche de bois mince, ces carrés seront plus ou moins grands selon la place qu'ils doivent occuper; percez-les

---

(a) R  Rondins.
L  Longerons sapin 3 mmq.

d'un trou de façon à pouvoir laisser passer le faisceau de caoutchouc au travers, — découpez ensuite les angles, puis assemblez ces carrés les uns aux autres à l'aide de baguettes de bois plates de frêne ou d'érable.

Un carré tous les 25 cm. suffit pour obtenir un fuselage rigide et très solide (*fig. 80*).

Les fuselages sont peu employés, un simple bambou, un tube d'aluminium ou une baguette de bois haubannée en font l'office ; mais afin de

Fig. 80.

supprimer la torsion, on emploiera 2 faisceaux de caoutchouc tournant en sens inverse, ou bien deux hélices tournant elles aussi en sens inverse.

Les surfaces des monoplans sont généralement fixées sur le fuselage et en font partie intégrante. Pour les biplans, la partie motrice est le plus souvent complètement indépendante et rajoutée à l'appareil une fois terminé.

## § III, CONSTRUCTION D'UN MOTEUR

Avec ce paragraphe nous abordons la partie la plus difficile et la plus intéressante du petit aéroplane et du modèle réduit. Ce sont les résultats de nos nombreuses expériences depuis le concours de 1908 que nous présentons à nos lecteurs.

Parmi les différents moyens essayés jusqu'à ce jour pour faire voler un petit aéroplane : vapeur, électricité, air comprimé, ressort, caoutchouc, seul les 3 derniers peuvent donner des résultats intéressants.

Les ressorts ont été essayés sans succès par nous et nous ne pensons pas qu'il soit facile de faire voler des appareils de certaines dimensions, avec une hélice actionnée par un ressort ; on vend pourtant quelques moteurs à ressort, mais le petit diamètre des hélices qu'ils font tourner et le peu de temps qu'ils mettent à se dérouler, font que les résultats sont certainement inférieurs à ceux que l'on a obtenu du moteurs à caoutchouc.

### Étude du moteur à caoutchouc tordu

Le caoutchouc sous ses différentes formes donne aux constructeurs de modèles réduits des résultats assez faciles à obtenir ; aussi il est maintenant le seul adopté comme moteur de petits aéroplanes.

Le caoutchouc peut être employé soit par tension soit par torsion, mais par suite de plus grandes facilités de construction et de simplifications dans le bâti qui le porte, l'emploi du caoutchouc tordu s'est seul généralisé quoiqu'il donne moins de force utile.

On a reproché au moteur à caoutchouc de ne donner qu'un travail irrégulier, il n'en est pas ainsi ; quand on tord le caoutchouc les fils s'enroulent l'un sur l'autre régulièrement sur toute leur longueur, si l'on continue, il se produit un second mode d'enroulement, puis un troisième et le nombre varie avec l'élasticité du caoutchouc.

Pendant le déroulement, le moment moteur est sensiblement constant pendant chaque période d'enroulement. La courbe des moments moteurs (ordonnée) ou fonction du nombre de tours est représentée par la figure ci-dessous :

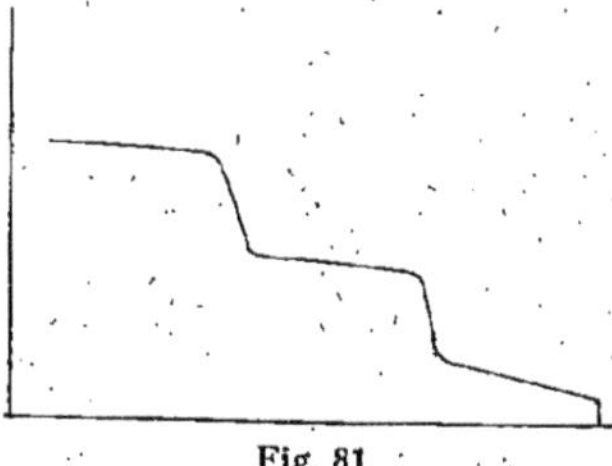

Fig. 81.

Les caoutchoucs plats ou carrés de $1^{mm}$, $1^{mm}1/2$, $2^{mm}$ sont les plus employés, le meilleur est sans aucun doute le fil anglais nº 18, qui se laisse tordre un plus grand nombre de fois que tout autre ; on emploie aussi les tubes de caoutchouc tels que des chambres à air, mais ils ne peuvent se tordre qu'un petit nombre de fois et se détordent très brusquement.

Le caoutchouc est la partie la plus chère de notre appareil, mais c'est lui qui le fait voler et en augmente considérablement le prix, aussi nous indiquerons comment il faut le conserver et l'entretenir.

## SOINS A DONNER AU CAOUTCHOUC

Le caoutchouc tel que nous l'employons, en fil, se détériore très facilement et assez vite si l'on n'y fait pas très attention, ses principaux ennemis sont : une lumière trop vive, la sécheresse, le frottement, la torsion ; il ne nous est pas possible d'éviter ce dernier inconvénient, mais nous aurons soin de ne pas le faire travailler inutilement. aussi, au repos, le caoutchouc ne sera pas tendu ni tordu, on l'enroulera toujours en faisceaux réguliers afin de pouvoir l'enlever et le remettre facilement en place, les faisceaux seront conservés dans un endroit sombre et de température uniforme. Pour éviter qu'il ne se dessèche nous conseillons de le tremper de temps en temps dans de l'eau de savon de Marseille bien mousseuse, à laquelle on ajoutera quelques gouttes de glycérine, en agissant ainsi on n'empêchera pas seulement le caoutchouc de se dessécher mais on augmentera son élasticité ; c'est un effet qui n'est certes pas à dédaigner puisque le nombre de tours peut être augmenté de près de moitié. Il est bon de défaire de temps à autre le fil de caoutchouc de façon à ce que les fils ne frottent pas les uns sur les autres toujours à la même place.

### EXEMPLE DE DISPOSITION DE MOTEURS

La plus simple manière de fixer notre caoutchouc est d'employer un cadre de bois composé de 2 montants s'emboîtant dans 2 pièces de bois découpées. Dans une de ces pièces nous fixerons un crochet, en recourbant une de ses extrémités dans la pièce en ayant soin qu'elle ne dépasse pas, l'autre extrémité servira de support à l'hélice ; pour placer celle-ci, percez d'un trou la pièce de bois, puis passez l'axe de votre hélice et recourbez-la en forme de crochet ; afin d'éviter le frottement on intercalera une perle et 2 paillettes de métal entre l'hélice et son support.

Le moteur ainsi obtenu sera léger et solide, le caoutchouc sera tendu de crochet à crochet en faisceaux réguliers, les deux extrémités du fil seront nouées par un simple nœud de tisserand ou un nœud double.

Nous voyons donc que la partie motrice peut se décomposer en 3 parties :

Le cadre portant le caoutchouc.

Les perles et les paillettes pour atténuer le frottement.

L'hélice pour propulser l'appareil.

*Le cadre.*

Le cadre type décrit précédemment peut être simplifié, une simple baguette de bois et 2 petites lames de cuivre seront les matériaux nécessaires à sa construction qui est clairement indiquée par la figure (*fig.* 82).

Fig. 82.

On peut aussi le construire entièrement en bois et fil d'acier doux.

Si le bois est trop flexible, on pourra, pour conserver à l'ensemble la rigidité indispensable, le haubanner. On se servira de fils de fer doux que nous attacherons à la tige de bois et qui seront recourbés perpendiculairement à elle, leurs extrémités seront terminées par une petite boucle. Un fil d'acier très fin s'attachera aux deux bouts de la baguette en passant par les deux boucles (*fig.* 83 *et* 84).

Nous avons fait remarquer que l'on mettait des perles et des paillettes entre l'hélice et le cadre pour éviter le frottement ; on a cherché à supprimer ce frottement par les dispositions diverses représentées par ces *figures*.

Ces dispositions ne sont que rarement employées car elles nécessitent soit la position de l'hélice entre les deux parties du cadre, soit un engrenage et un long axe assez lourds.

## ROULEMENTS A BILLES

On a cherché à remplacer les perles et les paillettes par des roulements à billes par butée, que l'on place entre l'hélice et son support comme de simples perles ; mais on en a bien discuté la nécessité.

On a dit que ce frottement était nécessaire car il régularisait les révo-

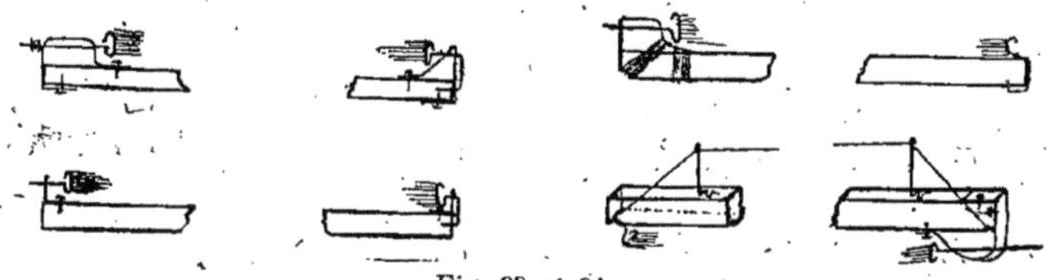

Fig. 83 et 84

lutions de l'hélice, qui tournait à une vitesse plus constante, le frottement augmentant avec le nombre de tours de caoutchouc ; pour les petits appareils on ne se servira pas de roulement à billes, mais pour les appareils assez lourds et devant partir du sol par leur propre moyen, il est bon de

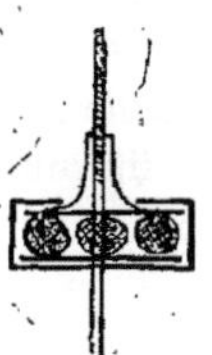

Fig. 85.

les ajouter, car l'hélice ayant au départ une vitesse de rotation plus grande, la poussée sera, elle aussi, plus grande et l'appareil décollera de terre plus facilement.

Pour construire soi-même ces roulements à billes on emploiera l'un des procédés suivants :

Prendre une petite boîte de 10^mm de diamètre, en fer blanc ou d'autre métal, découpez dans son couvercle un cercle de 5 ^mm, puis percez son fond par un petit trou de la largeur de l'axe de l'hélice. Mettez au fond une rondelle en acier puis remplissez par 5 billes de 2^mm, enfin mettez une 2^e rondelle d'acier et le couvercle, le roulement à billes aura l'aspect de la *fig.* 85 ; on se servira de cette boîte comme d'une simple perle, en ayant soin de faire reposer l'hélice sur la paillette laissée à découvert, à cet effet, on pourra se servir d'un rayon de bicyclette, l'hélice étant fixée par la pression de deux petits écrous se vissant sur la partie filetée. Cette manière de fixer l'hélice présente le grand avantage d'un démontage facile permettant de changer à volonté l'hélice de bois ou de métal.

On peut se servir aussi du roulement à billes suivant, en vente en Angleterre :

Découpez dans une plaque de cuivre la forme indiquée par la figure 86, percez un trou en son centre, puis une seconde partie ronde,

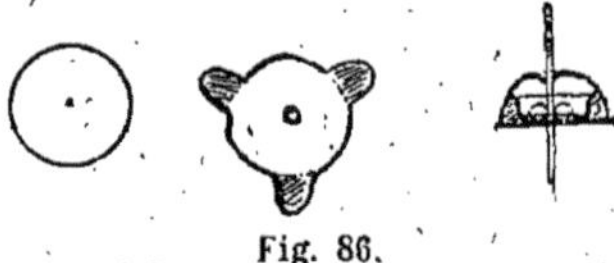

Fig. 86.

formant calotte, et d'un diamètre légèrement plus grand, percée aussi d'un trou en son milieu, mettez 5 billes d'acier de 1^mm5, puis fermez en rabattant les pattes, en ayant soin de laisser un peu de jeu.

On a cherché un moyen pratique pour faire tourner les hélices pendant un temps relativement long, la première idée que nous avons eue a été d'employer des engrenages multiplicateurs ; nous avons fait de très longues expériences, mais nous ne sommes pas arrivés aux résultats que nous attendions ; aussi nous ne conseillons pas aux constructeurs de petits aéroplanes de se lancer dans des difficultés de ce genre ; les résultats sont peu encourageants, néanmoins nous ferons quelques remarques à leur sujet.

## MULTIPLICATEUR DE TOURS

La proportion entre les deux engrenages ne doit pas dépasser 1 à 4, les rapports de 1 à 1 1/2 et 1 à 2 ont été employés par nous avec succès, mais sans beaucoup de gain, car le surcroît de poids n'a pas fait parcourir à l'appareil une plus longue distance ; l'avantage du multiplicateur de tours ne se trouve donc pas prouvé pour les petits aéroplanes lorsque le moteur à caoutchouc est employé ; nous devons encore faire remarquer que l'hélice doit tourner à une certaine vitesse pour donner son maximum de poussée et que l'emploi d'un multiplicateur implique une hélice plus petite que l'hélice employée sans lui et cela pour un même faisceau de caoutchouc, aussi si l'on veut employer l'hélice primitive il faudra em-

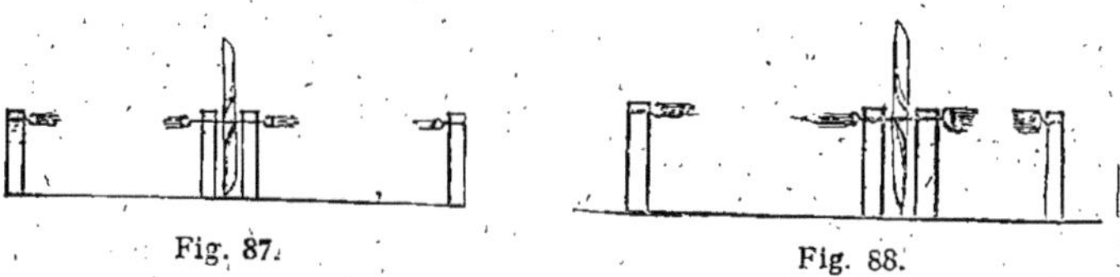

Fig. 87.                    Fig. 88.

ployer plus de caoutchouc pour lui conserver sa vitesse, et alors on augmente le poids total de l'appareil ; le multiplicateur ne pourra donc être employé que dans des appareils lourds.

La seconde méthode employée par nous, donne des résultats qui dé-

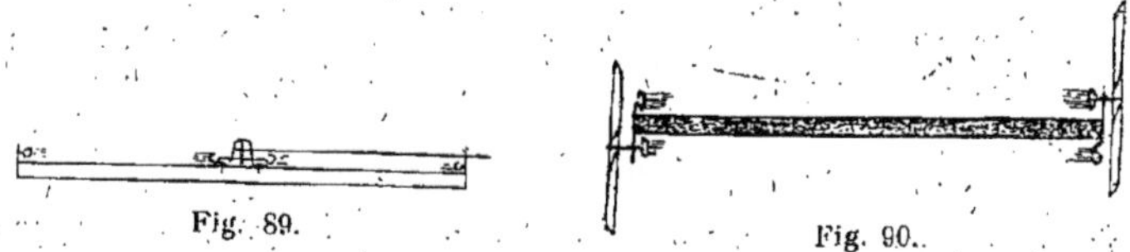

Fig. 89.                    Fig. 90.

passent ce qu'on pouvait en attendre, aussi pensons-nous qu'elle se généralisera et que les modèles réduits et petits aéroplanes voleront plus loin et plus longtemps.

En cherchant à supprimer la torsion que le cadre subit généralement lorsque le caoutchouc est enroulé sur lui-même, nous nous sommes aperçus, comme beaucoup d'autres, de la nécessité d'un second faisceau, tournant en sens inverse, qui annulerait le couple de renversement (1), ces faisceaux actionnant soit deux hélices, soit une seule (*fig.* 87 *à* 93).

C'est cette dernière manière qui double, triple le nombre de tours disponibles, par suite de l'emploi des faisceaux multiples.

---

(1) En outre du principe de l'action et de la réaction, le cadre du moteur tend à tourner dans un sens inverse à celui de l'hélice, cela est souvent dû, pour de petits aéroplanes, aux mauvaises courbes de l'hélice, qui seront avec avantage assimilées à un plan tournant dans l'espace autour d'un axe ; il faut alors creuser légèrement les pales.

Un fil de caoutchouc d'un mètre de long tordu sur lui-même pourra se tordre, mettons 2000 fois, avant de se briser ; s'il y a 2 fils côte à côte nous ne pourrons les tordre que 1600 fois, s'il y en a 3 à peine 1200 ; nous

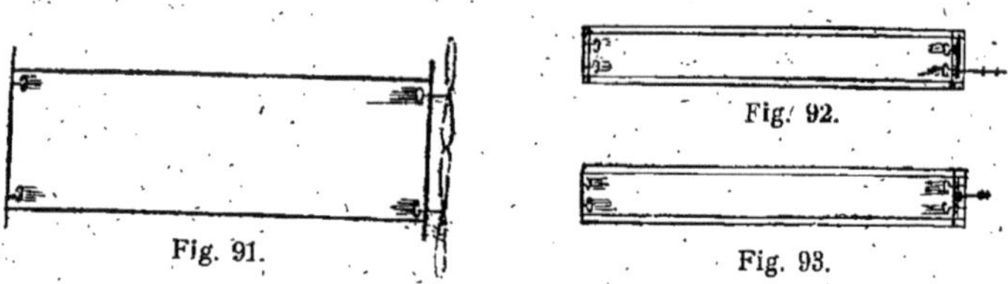

Fig. 91.

Fig. 92.

Fig. 93.

voyons donc que le nombre de tours disponibles diminue très vite, et qu'il y a avantage à avoir le plus grand nombre de faisceaux de caoutchouc ; si on en emploie 2-4-6, on aura 2-4-6 fois plus de tours à sa disposition que dans un seul qui égalerait leur somme (*fig.* 94).

Fig. 94.

Le travail moteur divisé en plusieurs faisceaux est sensiblement égal au travail fourni par l'unique faisceau de caoutchouc.

### *Détails particuliers.*

Nous avons indiqué comment on fixait le caoutchouc ; mais il existe d'autres méthodes que le crochet qui lui-même peut être rond, oblong, ou en forme de T (*fig.* 95).

Lorsqu'on emploie une chambre à air, les crochets sont remplacés par

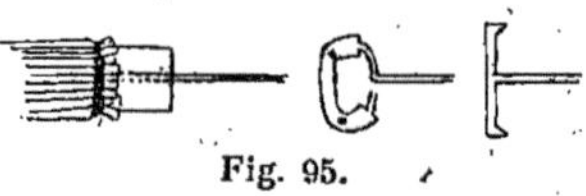

Fig. 95.

un bouchon de liège ou de caoutchouc, percé d'un trou, afin de laisser l'air contenu dans le tube s'échapper au moment où on le tord.

## § IV.  CONSTRUCTION DES HÉLICES

L'hélice est la partie la plus délicate de l'appareil, c'est elle qui assure sa translation. On a dit qu'une hélice faite par le jeune constructeur ne donne qu'un rendement ridicule, nous ne le pensons pas. Nous indiquerons plusieurs méthodes pour les fabriquer.

Le lecteur se reportera à la partie théorique pour avoir des idées générales sur la forme, le pas, le diamètre et son effet dans l'air.

L'hélice doit avoir ses deux pales exactement pareilles en forme et en poids, sans cela elle tournerait très mal en secouant son bâti, ce qui est d'un effet désastreux sur la partie sustentatrice d'un appareil.

*L'hélice*, quand elle est située en avant, est dite tractive, et en arrière propulsive ; la construction n'en est pas modifiée suivant sa place dans les petits aéroplanes, où l'on place l'hélice ou les hélices un peu partout.

Nous indiquerons les principales méthodes.

Hélices en bois taillées dans la masse.

Hélices en bois superposés.

Hélices en bois tordu.

Hélices en aluminium.

Hélices en carton et recouvertes d'étoffe.

### *Hélices en bois taillés dans la masse.*

Les hélices construites d'une seule pièce dans la masse ont toute notre préférence, elles ont l'avantage d'être légères, relativement solides et d'un bon rendement, tout en étant assez faciles à construire.

Les meilleurs bois à employer sont l'acajou, le frêne, le noisettier.

L'épaisseur sera de 1 cm. 1/2 pour 15 cm. de long. ; 2 cm. pour 25 ; 2 1/2 au-delà de 25 jusqu'à 35 cm.

La largeur des pales sera du 1/6 au 1/8 de la longueur des hélices suivant leur vitesse de rotation.

Prenez votre bloc de bois, puis après avoir dessiné sur sa surface la forme désirée, Intégrale, Normale, etc., taillez à l'aide d'un couteau bien tranchant ou d'un rabot, suivant la ligne marquant l'angle d'inclinaison, puis à l'aide d'une gouge, creusez légèrement ces pales, et donnez-leur la forme et la courbure que vous désirez (*fig.* 96).

Une fois les deux pales grossièrement découpées, passez au gros papier de verre, puis ensuite au fin pour avoir un ensemble bien lisse et sans aucun défaut ; pour que l'hélice ne soit pas sujette aux déformations causées

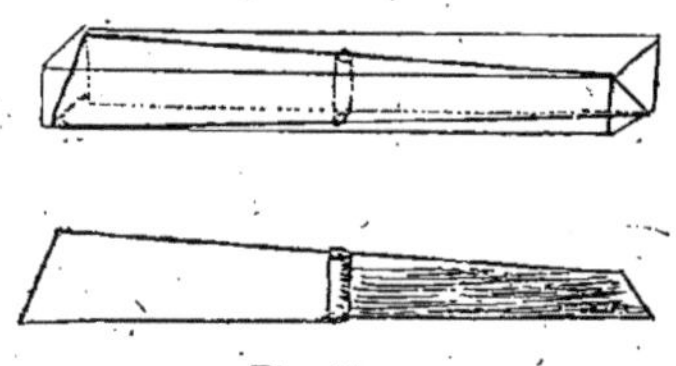

Fig. 96.

par l'humidité, il est bon de la vernir ou de la peindre. On emploiera du vernis à l'alcool dont on passera deux couches si besoin est, ou du Ripolin, ou toute autre peinture du même genre.

Ces hélices n'ont pas besoin d'être faites très minces, elles peuvent avoir une certaine épaisseur et cela ne nuit pas à leur rendement, si l'on fait la surface dorsale avec autant de soins que l'intérieur de la pale.

Le seul reproche que l'on peut adresser à ces hélices est qu'elles se fendent par suite de chocs, chocs provenant le plus souvent de ce que les hélices tournent encore quand l'appareil revient au sol.

Nous conseillons de garnir les extrémités de chaque palette d'un léger

Fig. 97.

bord en fer blanc, soit de l'entoiler, soit de coller sur la face dorsale et aux extrémités une très mince latte de bois (*fig.* 97).

### *Hélices en bois superposés.*

Ces hélices sont fabriquées sur le modèle des hélices de grands appareils, on se servira donc de petites lattes de bois que l'on disposera en escalier et que l'on collera les unes aux autres de façon à obtenir dans leur épaisseur la forme de la pale désirée, puis on terminera comme précédemment (*fig.* 98).

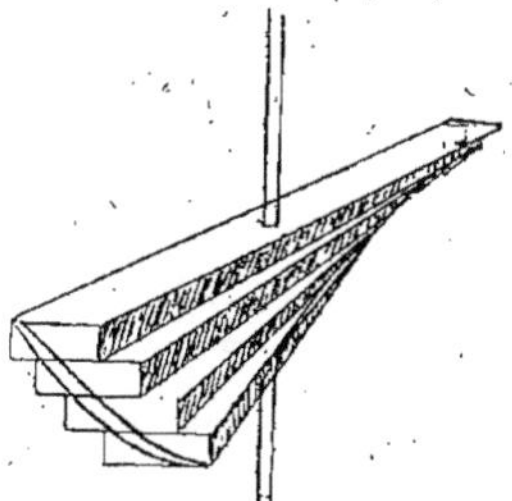

Fig. 98.

Ces hélices sont très résistantes aux chocs, mais elle sont longues et difficiles à bien construire.

### *Hélices en bois tordu.*

Ces hélices sont employées seulement pour les petits aéroplanes de faible envergure, elles consistent en une planchette de bois (sapin généralement)

Fig. 99.

que l'on tord en son milieu après l'avoir préalablement passée à la vapeur. Ces hélices seront fixées au moyen d'un axe en fil d'acier doux que l'on enroulera en son milieu (*fig.* 99).

### *Hélices en aluminium.*

Les hélices d'aluminium ont l'avantage d'être incassables, mais leur rendement est sensiblement inférieur à celui des hélices en bois.

On se sert de tôle d'aluminium de $1^{mm}$ d'épaisseur que l'on découpe à

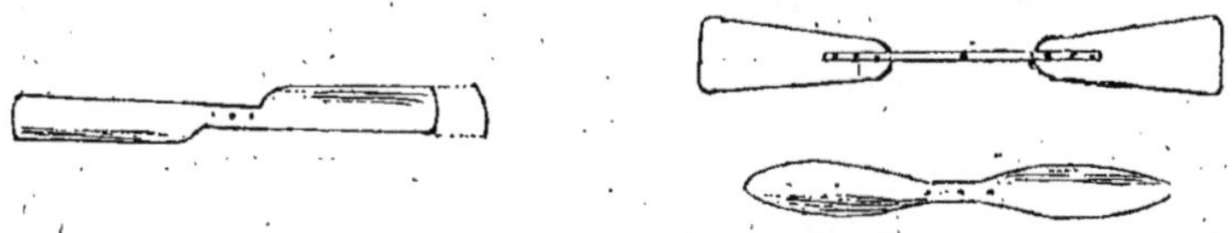

Fig. 100.

l'aide de pinces coupantes suivant la forme désirée (*fig.* 100), ces hélices seront faites d'un seul morceau, ou bien les deux pales seront réunies par un bras en aluminium que l'on fixera à l'aide de rivets de cuivre rouge.

Ces hélices seront fixées à l'axe du moteur à caoutchouc à l'aide de 2 vis

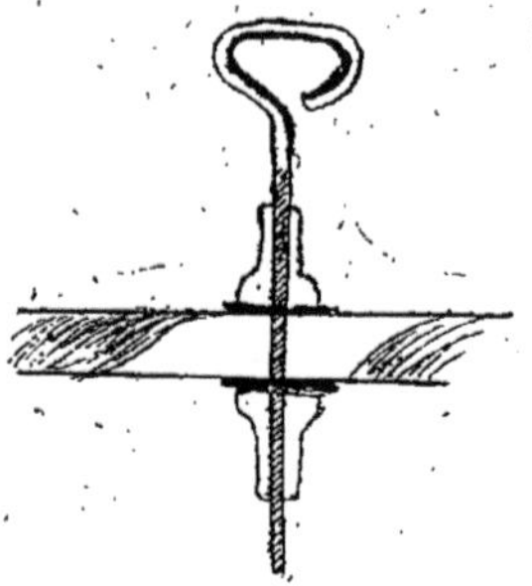

Fig. 101.

qui les tiendront par pression ; pour les hélices en aluminium nous conseillons d'interposer entre les 2 vis et l'hélice deux petites rondelles de cuir (*fig.* 101).

### Hélices diverses.

Pour les petits aéroplanes on se sert aussi de petites hélices (jusqu'à 20 cm.) construites en fil de fer formant le cadre, l'axe et le crochet ; on les recouvre ensuite d'étoffe vernie.

Fig. 102.

On emploie aussi des hélices à pales en carton insérées dans un moyeu en bois où l'on aura préparé une fente pour les insérer (*fig.* 102).

### Hélices à pas réglable.

On vend dans le commerce des hélices à pas réglable ; ces hélices sont utiles aux jeunes constructeurs pour chercher le meilleur pas de l'hélice pour un appareil donné.

Pour fabriquer soi-même, prendre un tube d'aluminium de 1 cm.5 de diamètre et de 6 cm. de long, l'aplatir en son milieu, que vous percerez d'un trou pour passer l'axe de l'hélice. Percez chaque extrémité du tube d'un petit trou et à l'aide de 2 petites vis vous fixerez les deux porte-pales suivant l'inclinaison désirée. Pour terminer, nous prévenons le lecteur qu'il est quelquefois dangereux de remonter avec le doigt les hé-

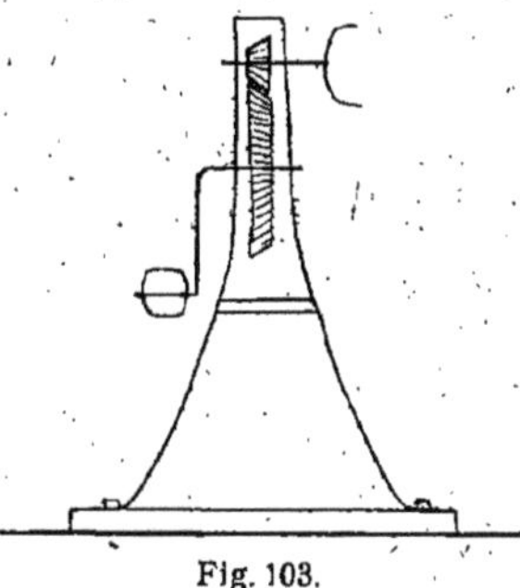

Fig. 103.

lices mues par de grosses lanières, il faut s'entourer l'index d'étoffe, ou se servir d'une machine à remonter. Il existe d'ailleurs de ces machines qui sont très simples (*fig.* 103).

## § V. DISPOSITIFS DE DÉPART ET D'ATTERRISSAGE

Nous pensons qu'il est indispensable de munir les petits aéroplanes de roues ou de patins, car chaque appareil demande un long apprentissage jusqu'à ce que le constructeur puisse le régler facilement.

Si l'appareil est lancé à la main, il arrive souvent qu'il se brise avant d'avoir pu donner les résultats que le constructeur était en droit d'en attendre ; c'est ce qui provoque le plus souvent son découragement.

On doit donc munir le petit aéroplane d'un châssis, amortisseur ou non, muni de roues pour le départ et pour l'atterrissage, ou bien, il sera muni de patins de façon à ce qu'il glisse sur le sol quand il revient toucher terre, l'appareil dans ce dernier cas est lancé à la main.

On peut encore avoir une suspension mixte, patins et roues ; il suffit d'un peu d'ingéniosité pour fabriquer soi-même le châssis porteur qui varie avec chaque type d'appareil.

Le châssis doit être simple, léger, solide et flexible ; nous nous servons pour le faire de fil d'acier de $1^{mm}$ à $2^{mm}$ et nous lui donnons la forme reproduite par le dessin ci-contre (*fig.* 104). On fixe les extrémités du fil

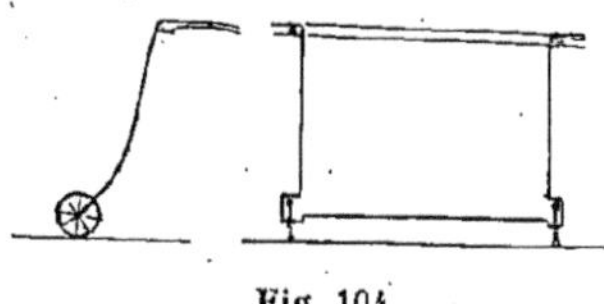

Fig. 104.

d'acier au plan inférieur de l'appareil, s'il est biplan, ou au fuselage s'il est monoplan. On aura soin de faire le châssis très large, c'est-à-dire que l'écartement des 2 roues soit tel, que si l'appareil vient à toucher d'une aile, il revienne de lui-même dans la position horizontale ; on pourra relier l'axe des roues par 2 élastiques au montant postérieur du plan porteur de façon à ce qu'il ne soit pas trop flexible.

Ce châssis à roues doit se plier en avant lorsqu'il touche terre de façon à protéger l'hélice si elle tourne encore, et si elle se trouve en avant, on augmente ainsi la stabilité ; plus le choc sera violent, plus le châssis sera porté en avant et plus le centre de gravité de l'appareil aura chance de tomber à l'intérieur du polygone formé par les roues.

Le châssis doit être en outre assez haut, c'est-à-dire que lorsque l'appareil repose sur le sol, il faut que les plans fassent avec l'horizontale un angle deux à trois fois plus grand que l'angle sous lequel l'aéroplane vole.

On construit des appareils qui ont leurs plans parallèles au sol, ce qui leur permet d'acquérir au départ une grande vitesse, offrant par cette disposition un minimum de résistance à l'avancement ; le châssis prend au bout de quelques mètres une certaine inclinaison entraînant avec lui l'inclinaison de l'appareil ; celui-ci, profitant de la vitesse acquise, quitte le sol plus facilement et plus vite.

Les patins sont surtout employés dans les appareils biplans lancés à la main ; on se sert pour leur construction de baguettes plates de sapin d'Amérique que l'on courbe par la vapeur et que l'on fixe au plan inférieur de l'appareil.

On combine facilement les 2 méthodes précédentes ; le dessin, très simple

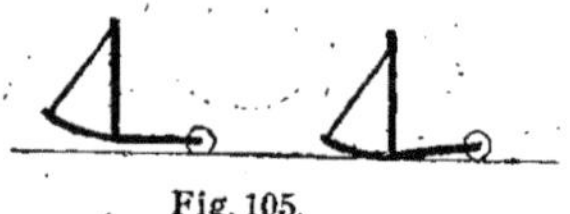

Fig. 105.

que nous donnons nous dispense de plus longues explications sur le fonctionnement (*fig.* 105).

Aux extrémités des ailes des appareils on a avantage à poser un demi-cercle de rotin ou de fil d'acier doux pour empêcher celles-ci de venir en contact avec le sol.

### *Assemblage des diverses parties.*

Nous avons vu comment on pouvait établir et fabriquer les diverses parties composant un aéroplane ; il ne nous reste plus qu'à les assembler.

Chaque aéroplane demande une étude spéciale pour la réunion de ses parties, aussi nous ne pouvons entrer dans tous les détails ; nous nous bornerons à donner quelques explications et conseils et à prendre les deux types d'appareils généralement construits : un biplan et un monoplan.

Le constructeur fera son possible pour faire *léger et rigide* ; mais il ne devra pas regarder au besoin à faire légèrement plus lourd ; s'il peut alors supprimer les haubans de fils de fer qui augmentent toujours la résistance à l'avancement et qui de plus sont difficiles à régler et donnent beaucoup d'ennuis.

Si le constructeur commence seulement à fabriquer les petits aéroplanes, il ne devra pas se lancer dans de grandes complications qui l'arrêteraient et le décourageraient, il devra faire simple et petit, puis, peu à peu, il augmentera la dimension de ses appareils et y ajoutera les détails de direction et d'atterrissage ; il devra noter tous les renseignements qui résulteront de ses diverses constructions et expériences.

Si nous voulons construire un monoplan dont la partie motrice fait partie intégrante de la partie sustentatrice, nous construirons d'abord la partie motrice qui ne devra en aucun cas se tordre et se déformer sous l'action du caoutchouc (si on emploie une baguette de bois pour cet usage on devra la placer dans son épaisseur) car les surfaces doivent y être attachées, et doivent toujours rester parallèles l'une à l'autre, autrement l'aéroplane ne pourrait aller en ligne droite et le plus souvent ne pourrait pas voler du tout.

Pour fixer la queue stabilisatrice et la surface sustentatrice on se servira d'un simple fil de caoutchouc tendu (*fig.* 106) *a*). Cette méthode présente le

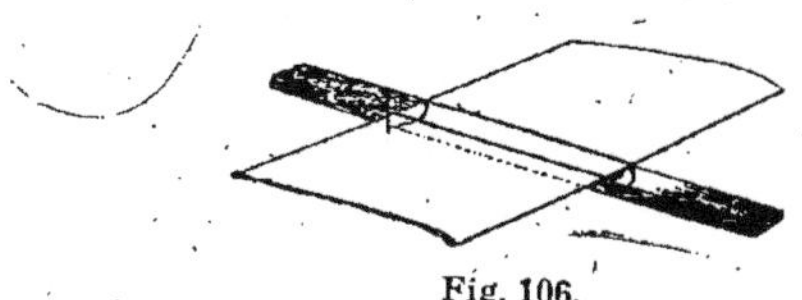

Fig. 106.

grand avantage de pouvoir, au besoin, faire varier la place des ailes le long de la baguette avec grande facilité.

Pour rendre rigide les ailes P, si elles ne le sont pas assez par leur cons-

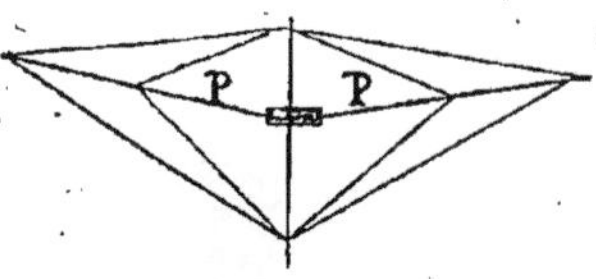

Fig. 107.

truction même, on reliera leur milieu et leur extrémité à une tige verticale fixée sur le cadre de bois (*fig.* 107).

Dans un appareil biplan, dont la partie motrice est complètement séparée

*a*) Voir le dernier dessin.

de la partie sustentatrice, les différentes parties seront réunies comme dans les véritables appareils, en ayant soin de rendre rigide l'ensemble par des fils de fer fins ou du fil de lin, si besoin est.

La partie motrice est glissée entre les 2 plans et attachée fixement aux montants verticaux avec du fil poissé ; on pourra faire varier la position du centre de gravité en déplaçant légèrement cette partie soit en avant, soit en arrière.

Le gouvernail peut être fixé sur la partie motrice de l'appareil, mais seulement si elle ne subit aucune torsion. Le gouvernail sera mobile ;

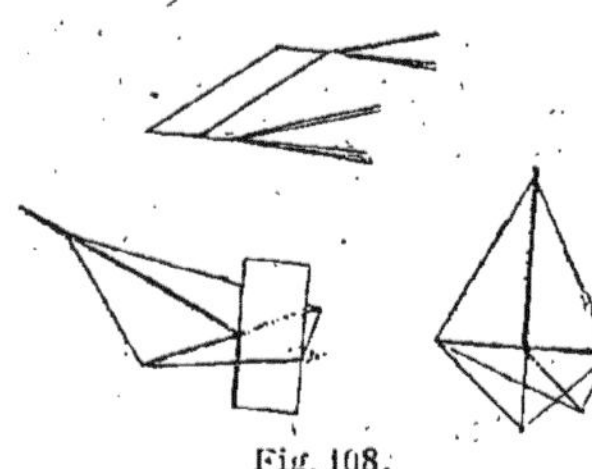

Fig. 108.

pour les petits appareils on peut le monter sur deux fils d'acier doux, qui pourront être tordus ou courbés, de façon à donner au gouvernail la position désirée ; en général, il est facile de combiner un moyen simple pour rendre mobiles les plans servant de gouvernails (*fig.* 108).

Le gouvernail vertical est, comme le précédent, rendu mobile, un moyen simple consiste à faire faire aux fils de commande un angle droit avec le gouvernail.

L'appareil étant terminé, il ne nous reste qu'à l'expérimenter en procédant avec méthode.

## § VI.  EXPÉRIENCES

Nous voulons, dans ce chapitre, aider le jeune constructeur de petits aéroplanes en lui donnant à fabriquer et à expérimenter un de nos appareils faciles à faire et avec lequel il obtiendra, de suite, d'excellents résultats.

Avec un appareil semblable nous avons obtenu des vols de plus de 100 mètres et nous ne doutons pas que le lecteur en obtienne de plus longs, encore.

L'appareil à construire est représenté par les figures et les plans (*fig.* 109, 110, 111), la surface biplane sera construite à l'aide de baguettes de bois

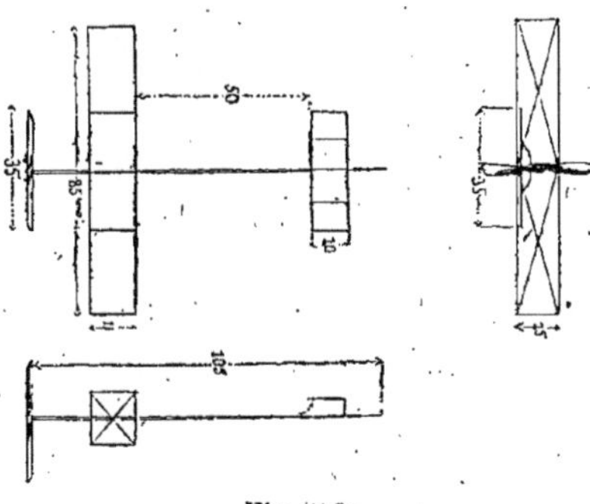

Fig. 109.

de 2$^{mmq}$ et de douilles fabriquées comme nous l'avons indiqué précédemment ; les montants verticaux seront de bambou fendu, ils sont ainsi flexibles et rigides, enfin le tout est quadrangulé avec du fil de fer fin ou du fil de lin ; ainsi fait l'appareil est presque incassable.

La partie motrice sera composée d'une simple baguette de bois de hêtre, posée dans sa hauteur ; elle ne devra en aucun cas subir d'efforts de torsion. Cette partie motrice sera fixée à l'aide de fil poissé le long des montants verticaux du milieu de la cellule, et en son centre de gravité.

Le gouvernail avant est monté sur votre tige de bois à l'aide de fil de fer doux ; il pourra être mobile le long de la tige pour rendre le réglage de l'appareil encore plus facile.

Les détails de construction sont indiqués par la figure 110.

L'appareil sera recouvert de soie japonaise imperméable, ou que l'on aura imperméabilisée à l'aide de verni au copal, ou de coton imperméabilisé par du vernis au collodion. Si la surface n'en est pas bien tendue, on collera sur la face inférieure du plan de minces nervures de bambou. (On s'en procure facilement en démontant les éventails japonais bon marché).

La partie motrice sera composée de 16 mètres de caoutchouc n° 18 disposés en écheveaux de 20 fils de 80 cm. de long, le diamètre de l'hélice ne devra pas être inférieur à 25 cm., son pas sera aussi de 25 cm.

Le poids total dè l'appareil ne devra pas dépasser 200 grammes.

L'appareil ne possèdera ni roues, ni patins, il sera lancé à la main.

Pour expérimenter notre appareil, vous choisirez de préférence un ter-

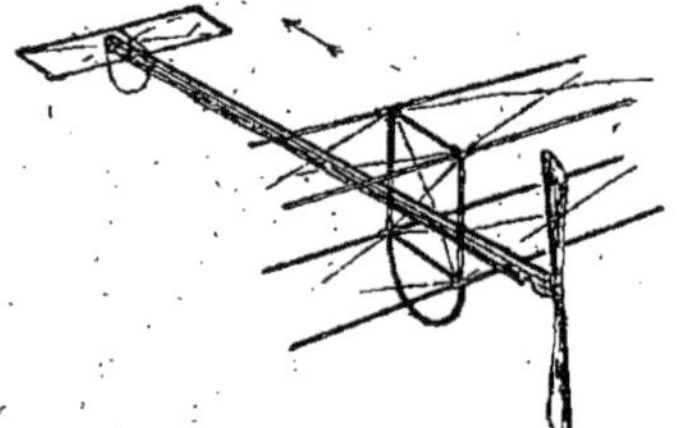

Fig. 110.

rain plat, large et long, sans arbres ni buissons ; une prairie ou un champ de préférence ; le terrain ne devra pas être bordé d'arbres, sans cela vous verrez votre petit appareil aller se percher sur une branche d'où il sera difficile à rattraper en bon état, ou bien encore se diriger droit sur un tronc et venir s'y abîmer.

Le terrain est donc de première importance, surtout pour les modèles actuels pouvant voler de 150 à 200 mètres et bientôt plus loin encore.

Il nous faudra aussi choisir le jour de l'expérience, il devra être sans vent ou tout au moins à vent faible et régulier, nos parcours seront sensiblement augmentés.

Considérons notre appareil qui a une vitesse de 5 mètres à la seconde et supposons que le vent fasse lui aussi 5$^m$ à la seconde, en 1 seconde l'appareil, allant avec le vent, irait à une vitesse de 10 $^m$ seconde ; s'il allait contre le vent, il n'avancerait pas, il ferait du vol sur place. Mais si l'appareil n'allait qu'à une vitesse de 3$^m$ seconde et que le vent fasse toujours 6$^m$ sec.

notre appareil allant contre le vent nous semblerait reculer de 3 mètres à la seconde. Ce dernier exemple nous montre bien que la vitesse d'un aéroplane ne peut être mesurée que si l'appareil vole en air calme, et que nous aurons avantage à faire voler l'appareil avec le vent, pourtant dans ce dernier cas, il faudra lui donner au départ une vitesse égale à sa vitesse propre augmentée de celle du vent.

Le petit modèle et le petit aéroplane ne craignent pas le vent ; mais le jeune constructeur doit craindre que le vent ne soit pas régulier, car ce sont les sautes de vent et les coups de vent qui, en compromettant temporairement la stabilité, finiraient en réalité au bout de très peu de temps par faire terminer les essais par une catastrophe. Le constructeur devra donc renoncer à essayer ses appareils lorsqu'il y a du vent et il en profitera pour travailler chez lui.

Le terrain et le temps étant propices, nous commencerons à faire faire au modèle quelques vols planés, le lançant de plus en plus haut, l'appareil ci-dessus doit faire au moins 6 fois sa hauteur de chute, c'est seulement après un parcours stable de l'aéroplane comme planeur que l'on pourra remonter l'hélice d'abord très peu, puis en augmentant afin de faire voler à l'appareil des distances de plus en plus grandes. On réglera la hauteur du vol par l'inclinaison du gouvernail, ce qui fait varier l'angle d'attaque.

C'est seulement après beaucoup de temps et de patience qu'on pourra faire voler l'appareil le plus loin, le plus longtemps ou le plus haut, car il faut savoir le lancer, cela demande l'habitude et la connaissance exacte de l'aéroplane expérimenté.

Pour les appareils partant de terre, le réglage est assez facile, surtout si l'on a soin de les faire partir d'un tremplin élevé de 50 cm. à 1 mètre au-dessus du sol ; on voit de suite si l'appareil continue son vol horizontalement, s'il s'élève aussitôt ou tombe plus ou moins brusquement.

L'appareil partant du sol ne volera jamais aussi loin que le même appareil lancé à la main, car le démarrage en est laborieux par suite de l'inertie de l'appareil, du mauvais rendement de l'hélice au point fixe et de son nombre de tours limité.

L'appareil ne pourra donc voler très loin à moins que l'on ne lui donne une légère impulsion au départ.

Nous ne pouvons prévoir, ni même expliquer ici, tous les défauts et les cas particuliers que le modèle du lecteur pourra présenter. Qu'il nous suffise de dire que c'est en appliquant et en connaissant les divers conseils et règles que nous avons donnés, un peu partout dans ce livre, qu'il arrivera à régler son appareil.

Indiquons en dernier lieu que cet appareil monté sur roues quitte très facilement le sol ; on peut aussi le munir de deux hélices actionnées chacune par deux faisceaux de caoutchouc.

*Classification des modèles. — Concours.*

La classification des modèles est une question très délicate ; on a cherché en vain à concilier toutes les opinions émises sur ce sujet.

On a proposé entre autres moyens de classement, le poids, la surface, l'envergure, la longueur de l'élastique, le rapport entre le parcours théorique au parcours réel, la formule P/S et enfin :

$$\text{Efficacité} = \frac{\text{Distance} \times \text{poids.}}{\text{Poids de l'élastique.}}$$

Bien que nous ne voulions pas discuter toutes les méthodes, car elles ont leurs avantages et leurs inconvénients, nous ferons remarquer qu'il est impossible de contenter tout le monde.

Dans chaque concours, le règlement diffère et le jeune constructeur doit modifier ou construire les appareils pour les conditions imposées. Souvent il n'a pas le temps de refaire son modèle avec toute la minutie désirée ; les prix trop minimes du reste ne l'y décident pas ; il s'abstient, c'est ce qui explique le peu de succès de plusieurs concours. Dans les appareils que le constructeur présente au concours, il doit, le plus souvent, ne pas suivre ses idées personnelles ; pour pouvoir concourir avec chance de succès, et se trouver classé, par suite du mauvais règlement, dans la catégorie des jouets.

En France où jusqu'ici la distance départage les concurrents, le classement par poids domine ; cette méthode est assez rationnelle car les distances parcourues sont, pour des modèles semblables, inversement proportionnelles au carré du poids total ; on voit donc qu'il faudrait autant de catégories qu'il y a d'appareils de poids différents. On fait pour le mieux en faisant un grand nombre de divisions pour les appareils pesant moins d'un kilog.

En Angleterre, le classement par poids a été abandonné et le classement en catégorie par surface a donné aux modèles anglais les records du monde.

Le classement suivant le rapport P/S semble n'avoir pas les inconvénients de l'un et l'autre.

Dans l'attribution des prix on ne tient pas compte de la façon dont le moteur est étudié, de l'hélice de l'appareil, ni de son intérêt scientifique, de là le classement par points, très rationnel, mais encore faut il s'entendre sur le nombre des points à attribuer pour les diverses épreuves et sur la compétence du jury.

Nous pouvons cependant, en raisonnant, dégager la meilleure classification pour les aéroplanes, il faut chercher leurs qualités, ou encore leurs cœfficients d'utilisation comme dans les aéroplanes actuels.

De la magistrale étude du capitaine Ferber se dégage un fait important : *Un aéroplane propulsé sera d'autant meilleur que, le moteur étant arrêté, il sera bon planeur.*

Il faudra donc deux expériences, un vol contrôlé pour lequel nous aurons à employer la formule :

$$\frac{P \times \text{distance parcourue en mètres.}}{\text{Poids du caoutchouc.}}$$

et un vol plané pour lequel le capitaine Ferber a donné la formule :

$$Q = \frac{P}{S} \times \frac{t^2}{H^2 k.}$$

La première formule oblige le constructeur à obtenir une force maxima de traction avec un poids le plus faible possible de caoutchouc, ce qui le force à faire des essais méthodiques sur les moteurs faisceaux multiples et sur les hélices de son appareil.

Inutile de dire qu'il faudra pour les jouets du commerce former une catégorie spéciale avec des prix moindres que ceux à attribuer aux constructeurs, auteurs et expérimentateurs de leurs propres modèles.

## CONCLUSION

Les petits aéroplanes amuseront et instruiront toujours les foules comme l'ont fait et le font encore les bateaux à voiles qui ont donné naissance à une véritable industrie de pièces en miniatures (1).

Le conférencier emporte maintenant avec lui quelques appareils de démonstrations et c'est là pour beaucoup le plus attrayant de ses conférences.

Le jeune constructeur se passionne dès qu'il a réussi à faire voler un appareil ; il est pris par le désir de faire mieux, il ne se rebute plus, il cherche à surmonter les difficultés, il apprend à sentir l'air, à prévoir le remous ou la saute de vent, et c'est là déjà une bonne préparation pour le futur pilote de la génération nouvelle.

---

(1) On peut monter les modèles réduits sur des flotteurs qui serviront, ou non, de surfaces portantes en l'air. On peut même y adjoindre des roues pour l'atterrissage sur le bord du bassin de lancement comme cela existe à l'hydro-aéroplane Voisin.

Le technicien ne veut pas voir voler les petits aéroplanes, il ne veut pas les connaître ; il oublie que ce sont eux qui ont démontré que le vol était possible malgré les travaux erronés de ses confrères, et que cette réalisation matérielle, même si enfantine qu'elle puisse paraître, ouvrit les yeux à tous les incrédules, et qu'il fallait être aveugle pour ne pas voir.

Dès que le jeune constructeur aura tiré du moteur à caoutchouc, tout ce qu'il peut donner en obtenant des parcours de plus en plus longs, dans

Fig. 111. — L'appareil construit.

des petits aéroplanes qu'il occupera presque complètement, il dirigera ses recherches vers les autres moteurs.

Ces nouveaux appareils se rapprocheront certainement, dans leurs grandes lignes, de l'aéroplane que Tatin et Langley avaient déjà prévu, bâti et essayé, mais au prix de quelles peines ! en 1896.

Si l'on emploie le moteur à air comprimé, nous concevons clairement ce modèle d'un avenir prochain ; le réservoir sera en métal léger, alliage d'aluminium et d'acier, très allongé et constituera le fuselage. Il sera la reproduction du corps fuselé de moindre résistance que nous avons vu dans la partie théorique. Sur les côtés s'étendront deux grandes ailes très étudiées, soudées au corps principal, supprimant ainsi toute résistance nuisible ; à l'avant, un minuscule moteur actionnera une hélice de grand diamètre, à l'arrière, un simple empennage est soudé lui aussi.

Le tout monté sur 3 grandes pattes légères, munies de roulettes, s'envole à 80 à l'heure ; les 4 minutes de son vol suffisent à le faire perdre de vue.

# TABLE DES MATIÈRES

## CHAPITRE II

### THÉORIE ÉLÉMENTAIRE



## CHAPITRE III

### CONSTRUCTION ET EXPÉRIENCES

# TABLE DES FIGURES